巧游颐和园

发现颐和园的60个细节

范志鹏 著

故宫出版社

静明园
北坞
清漪园
六郎庄

香山
静宜园
玉泉山
万寿山
畅春园
圆明园

目　录

写给读者的话 / 11

颐和园总览 / 13

发现 · 颐和园

勤政办公

第 1 站　应景的涵虚牌楼 / 22

第 2 站　外务部公所 / 28

第 3 站　月牙河 / 34

第 4 站　铜狮的秘密 / 38

第 5 站　这块匾到底是谁所题？ / 42

第 6 站　寿星石与四季石 / 46

第 7 站　神兽麒麟 / 52

第 8 站　仁寿殿的“仁”字究竟代表了什么？ / 56

第 9 站　凤在上，龙在下 / 62

第 10 站　铜缸里为什么要蓄水？ / 68

第 11 站　快看！天地一家春 / 72

第 12 站　电灯公所 / 76

第 13 站　延年井的传说 /80

第 14 站　国花台 / 84

第 15 站　京剧的摇篮 / 88

发现 · 颐和园

园居生活

第 16 站　变法皇帝的牢笼 / 96

第 17 站　山气日夕佳 / 102

第 18 站　宜芸馆的往事 / 108

第 19 站　刻石与书法 / 114

第 20 站　永寿斋究竟是谁的居所？ / 118

第 21 站　青芝岫还是败家石？ / 122

第 22 站　水木自亲的功能 / 126

第 23 站　六合太平 / 132

第 24 站　玉堂富贵 / 138

第 25 站　老佛爷的安乐窝 / 142

第 26 站　扇扬仁义之风 / 148

发现 · 颐和园

山水览胜

第 27 站　万寿山 / 154
第 28 站　昆明湖 / 158
第 29 站　西游长廊 / 164
第 30 站　养云轩的凯旋门 / 172
第 31 站　意境含蕴的无尽意轩 / 176
第 32 站　介寿堂？慈福楼？ / 180
第 33 站　转轮藏 / 186
第 34 站　清华轩？五百罗汉堂？ / 192
第 35 站　最大的铜亭 / 196
第 36 站　清漪园的排衙石 / 202
第 37 站　庆寿的排云殿 / 208
第 38 站　统领全局的佛香阁 / 214
第 39 站　智慧海的奥秘 / 220
第 40 站　鱼藻轩与王国维 / 224
第 41 站　山色湖光共一楼 / 228
第 42 站　听鹂馆御膳 / 232
第 43 站　画中游 / 236
第 44 站　丈人石的故事 / 240
第 45 站　不系之舟 / 244

发现 · 颐和园

秀丽风景

第 46 站　苏州“商业”街 / 250

第 47 站　真实的佛国世界——四大部洲 / 256

第 48 站　多宝琉璃塔 / 262

第 49 站　霁清轩杂记 / 268

第 50 站　韵味后溪河 / 274

第 51 站　园中之园——谐趣园 / 280

第 52 站　不寻常的益寿堂 / 290

第 53 站　景福阁的前世今生 / 294

第 54 站　“紫气东来”的“道” / 300

第 55 站　西堤六桥 / 306

第 56 站　至若春和景明 / 312

第 57 站　耕织图与水操学堂的交融 / 316

第 58 站　东堤沿景 / 324

第 59 站　十七孔桥 / 330

第 60 站　龙王庙的真相 / 336

后记 / 342

写给读者的话

北京颐和园于 1998 年正式列入《世界遗产名录》。世界遗产委员会评价 :“一、北京颐和园是中国风景园林造园艺术的一种杰出展现，将人造景观与大自然和谐地融为一体。二、颐和园是中国的造园思想和实践的集中体现，而这种思想和实践对整个东方园林艺术文化形式的发展起了关键性的作用。三、以颐和园为代表的中国皇家园林，是世界几大文明之一的有力象征。”

颐和园是中国传统文化遗产，同时也是世界文化遗产中一颗闪亮的明星。中国儒、释、道三教并流数千年，颐和园将其优秀的传统文化内涵巧妙地融入于优美的古建之中，和谐地蕴含在优雅的环境之内。颐和园曾统领“三山五园”，有着极其辉煌的历史。它既有北方园林的雄壮，又有江南园林的秀美,其“ 池三山”的皇家园林设计理念使之宛若人间仙境，具有无与伦比的文化艺术魅力。其永恒的审美价值,举世无双。乾隆帝曾由衷发出这样的感叹 :“何处燕山最畅情，无双风月属昆明。”

作者范志鹏先生，在这块肥沃的“土地”上精耕细作，刻苦钻研。他既有真才实学，又为人谦和。即便在新冠病毒肆虐横行的时刻仍然勤奋写作，笔耕不辍。这在导游员行列中堪称典范。作者以颐和园中鲜为人知的60处景观细节为着眼点，向读者解读了颐和园的景点风采，给人一种身临其境的感觉，把一幅幅栩栩如生的唯美画面和一个个古往今来的生动故事展现在读者面前。中国园林的治园理念是“天人合一”，即人与自然和谐相处，融为一体。思想与文化艺术是中国园林的灵魂，优美壮观的园林建筑是其博大精深的载体。您读此书有如管中窥豹，于细微之中见宏大，掩卷而思有向往。颐和园像一部百科全书，令人百看不厌，获益匪浅。本书为旅游者与导游者提供了一个生动有趣的读本。此书已成，期盼早日面世。

曹景洲

2020年3月27日

颐和园总览

颐和园始建于乾隆十五年（1750）,那时,清帝国正值鼎盛，疆土广阔，国力强盛，当时执掌朝政的是清王朝入关后的第四位皇帝乾隆。乾隆帝凭借自己对中国园林的理解和至高无上的权力以及大量的国库存银,以“兴修水利”和“为母祝寿”为名，选定燕山脚下一处具有江南水乡风韵的绝妙之处，吸收了中国古典园林艺术之精华，继承了历代皇家园林的成就，荟萃了全国的能工巧匠，连续施工十五年，建成了这座规模巨大的皇家御苑，当时名为“清漪园”。这座园林充分显示了中国园林文化的卓越成就。非常遗憾的是,在咸丰十年(1860)，清漪园连同圆明园一起，被入侵京师的英法联军焚毁。光绪十四年（1888），慈禧太后以光绪帝的名义下令在清漪园的遗址上重建此园并将其改名为颐和园。重建之后的颐和园成为北京西北郊仅存的一座完整的皇家园林，虽然它仍然大致保持原来清漪园的规模和格局，但政治地位却大大提高；这座园林不再是行宫，而成为慈禧太后和光绪帝理政的离宫，功能相当于康熙时期的畅春园、雍正至咸丰时期的圆明园，地位仅次于紫禁城。总之，颐和园是当今世界上建筑规模最大、保存最完整、文化内涵最丰富的皇家御苑，被誉为皇家园林博物馆。这座园林集锦绣中华于一园，以其独特的魅力成为

◎《京畿水利图》中的清漪园

东方皇家园林文化的代表。

中国园林是中国传统文化中不可替代的组成部分，是最具生命力的文化形态之一。中国园林伴随着山水文化和隐逸文化而逐步形成和发展，成为可游、可赏、可居，体现园林主人人格追求和精神世界的场所。中国园林文化在自身的发展过程中，对东西方造园理念和实践都产生了不同程度的影响。

中国传统文化对中国园林产生了深远的影响，作为皇家园林杰出代表的颐和园集中体现出了这些传统思想。儒家倡导的山水园林是美育人性的空间，释家的佛国净界促成了园林的艺术美感，道家的“道法自然”“壶中天地”是中国哲学文化的基础。

儒家治世，释家治心，道家治身，这大体上反映了儒、释、道三家的基本特质和彼此差异。中华文化源远流长，博大精深，而共撑中华传统文化大厦的三大支柱，当为儒、释、道三家。总之，颐和园中将儒家思想、释家思想、道家思想圆融一体，相同互摄，相异互补。儒、释、道思想给中国人建立了一套非常稳定的道德体系，所谓“天不变，道亦不变”。这套道德体系是中国社会赖以存在、安定和谐的基础。精神层面的道德是抽象的，而儒、释、道思想文化的一个重要作用，就是对道德体系进行通俗化的表达。儒、释、道三家交相辉映，贯穿在中华文明五千年的长河之中，是构成中国传统文化的基础。

颐和园深受传统儒家、释家、道家思想的影响，这座园林的设计也充满着中国传统文化的色彩和思想。颐和园是自然式山水园林,园林的设计中体现着崇尚自然的原则。可以说，以颐和园为代表的中国园林承载着中国人的文化，这些文化对于现代的中国人有着潜移默化的作用和深刻影响。

清漪园的整体布局是园林设计总体规划的一个重要步骤，由一个个、一组组不同的景观组成的这座园林，绝对不是以独立的形式出现的，而是由设计者把各景物按照一定的要求有机地组织起来的一个和谐、完美的整体。中国神话两大源头——昆仑神话和蓬莱神话中的仙山是人们想象中的理想境域，昆仑山、蓬莱三山为皇家园林“一池三山”的景观布局奠定了形象的理论基础。《史记·孝武本纪》载:“其北治大池，渐台高二十余丈，名曰太液池，中有蓬莱、方丈、瀛洲、壶梁象海中神山，龟鱼之属。”汉武帝建章宫中的太液池是一个相当宽阔的人工湖，因池中筑有三神山而著称，这种“一池三山”的布局对皇家园林的发展有着深远影响，成为创作池山园林布局模式的先河之作，为后世历代皇家所效仿。颐和园则完整继承了中国历代皇家园林“一池三山”布局方式的精华，在昆明湖内建有“南湖岛”“治镜阁岛”“藻鉴堂岛”三个中心岛屿，成为最后和仅存的保留着这种布局模式的皇家宫苑。

中国古典园林历史悠久，在三千余年不断的发展过程中形成了世界上独树一帜的中国园林体系，在漫长的历史进程中不断自我完善,持续演进。中国古典园林作为一个园林体系，和其他园林体系相比较而言，个性鲜明，具有本于自然而高于自然、建筑美与自然美的融糅、诗画的情趣、含蕴的意境四个特点。中国的古典造园“虽由人作，宛自天开”，是以追求自然精神境界为最终和最高目的的，是祖先留给我们的瑰宝，也是全人类共同的文化遗产。中国古典园林中的四要素是山、水、建筑和植物。其中，山、水是中国园林的显著特征，同时也是园林的基础。“山是园林的骨架，水是园林的血液”，园中的万寿山和昆明湖集中体现了中国园林深厚的山水文化。自然山水是美的典型，园林里只要有山有水，便具有林壑之美，也就有了诗情画意。媚山秀水足可供人们“游目骋怀”，能引起人们丰富的想象，或借山水以寄意，或借山水以抒情。总之，山水景观的美感作用实在不可等闲视之。

颐和园是首都七处世界文化遗产之一，是中国文化遗产的杰出代表，在《世界遗产名录》中颐和园获得过三条极高的评价："其一，北京颐和园是对中国风景园林造园艺术的一种杰出的展现，将人造景观与大自然和谐地融为一体。其二，颐和园是中国的造园思想和实践的集中体现，而这种思想和实践对整个东方园林艺术文化形式的发展起了关键性的作用。其三，以颐和园为代表的中国皇家园林，是世界几大文明之一的有力象征。”北京市新一版的总体规划明确了“三山五园”区域的价值地位，明确了“三个文化带”的建设，而颐和园是北京市范围内唯一一处西山永定河文化带与大运河文化带的交汇点，表现了在晚清时期颐和园所承担的城市水利工程枢纽的重要角色。

颐和园是中国最后一座皇家园林，它是集中国几千年造园理论与文化于一身的古典皇家园林博物馆。今天，代表着

◎颐和园景色

◎万寿山南望昆明湖

中国传统文化精髓的颐和园已成为各国人民共享的旅游胜地。颐和园中的山、水、建筑、植物被巧妙地安置在一起，使各个景点相得益彰。颐和园以实物和非实物的形式全面展示了中华多元文化的精髓，是世界文化遗产中东亚地区的杰出代表之一。

◎颐和园 西山晚霞

勤政办公

中国牌楼最早起源于三千多年前的周朝，
作为装饰性建筑的它可以增加主体建筑的气势，
但更多的是起到表彰、纪念某人某事
或者作为区域间的分界标志等作用。

[第 1 站]

应景的涵虚牌楼

颐和园东宫门的起始建筑涵虚牌楼，不但是外朝空间序列的起点，又有着引景的作用，是与圆明园之间重要的分界标志。中国第一历史档案馆馆藏光绪时期的设计图纸图签上注有文字："谨查得原旧式牌楼一座，台基面宽五丈八尺五寸，明间面宽一丈七尺三寸，二次间各面宽一丈五尺三寸，夹杆石见方三尺三寸，高五尺二寸，柱径一尺六寸五分，礓礤进

◎清漪园时期的原东宫门牌楼

深四尺一寸，台明高一尺一寸。”由此可知清漪园时期的这座牌楼在咸丰十年（1860）的那场劫掠中幸免于难。但由于颐和园时期政治等级不同于清漪园时期，所以重修后的牌楼形式也发生了巨大的变化，光绪十九年（1893）重修时由原来的三间四柱三楼形式改为现在的三间四柱七楼形式，坊额上的“涵虚”和“罨秀”四字的位置也进行了互换，也许是慈禧太后为强调这座园林与清漪园时期的不同。

涵虚牌楼主要由基座、立柱、坊梁、坊额、楼顶组成。涵虚牌楼为纯木质地，东西向坐落，建筑面积57.8平方米，高5.8米，三间四柱七楼，庑殿式屋顶，描金绘彩，通身彩绘金龙一百七十六条，凤三十六只，彰显皇家牌楼的富丽堂皇。涵虚牌楼是从东面进入颐和园的第一座建筑，万寿山佛香阁在牌楼柱枋间形成一幅天然的画卷，结合“涵虚”“罨秀”的

◎涵虚牌楼（正面）

文学意境，引出人们对颐和园湖山秀色的无限遐想。

“涵虚”包含太虚的景色，可直译为景色清幽恬静。“涵”为包容、包含之意;“虚”即空也,古代哲学讲究一个“虚”字,佛学讲究一个“空”字。因此，“涵虚”二字可以理解为宁静幽远、恬静无为的境界。据考，“涵虚”二字出自唐代诗人孟浩然《望洞庭湖赠张丞相》中的诗句：“八月湖水平，涵虚混太清”；南宋文人朱熹也有：“不觉商意满林薄，萧然万籁涵虚清”的诗句。圆明园的“涵虚朗鉴”和静明园的“镜影涵虚”与颐和园牌楼的“涵虚”的含义有异曲同工之妙，不知大家有没有发现颐和园园内南湖岛上也有一处景观叫涵虚堂，园内与园外交相呼应，含蕴非凡。

清代皇家园林多用“涵虚”二字题景名,意为山高水阔。“罨

◎涵虚牌楼（背面）

秀”中的“罨”表面意思为捕鸟的网，“秀”是美也。唐代诗人白居易诗有“凝香薰罨画，似泪著胭脂”的名句，南宋文人徐似道则有“春风自共桃花笑,秀色偏于麦垄多”的名句。“罨秀”连在一起意为“捕捉秀美”，也就是将美丽的山水风光网罗到一起的意思。

“涵虚”“罨秀”四个字的题写者究竟是谁呢？由于坊额上没有具体的题款印章，目前学术界主要趋向于以下两种说法：一种说法是乾隆帝御笔亲题。按照清廷规制，皇家园林主要建筑上的匾额多由当朝皇帝书写，可能由于这座牌楼的匾额尺寸较小，故没有加盖“乾隆御笔之宝”之钤，俗称“无款无章”。另一种说法是乾隆帝赐名，由大学士汪由敦所书。后经过对比，发现此匾额上的字迹、笔法与颐和园昆明湖畔

◎涵虚堂

《元臣耶律楚材墓碑记》上的笔迹基本一致，而且从题写时间上看，这两处的题字应为同一人。该墓碑为乾隆十五年（1750）御制，由汪由敦所书。汪由敦，安徽休宁人，雍正二年（1724）进士，乾隆年间官至吏部尚书。他以“恭谨”深得皇上赏识，乾隆帝的圣谕多出自汪由敦之手。据传，大宫门牌楼落成之后，工部大臣特请乾隆帝题写匾额，乾隆帝赐名“涵虚”“罨秀”，令汪由敦题写。汪由敦揣摩再三，不敢贸然提笔，每写完一次，都要仔细端详许久，直至写到第十次。乾隆帝御览后对匾额上的字赞叹不已，命将其制成石额镶嵌于牌楼上。但汪由敦是个臣子，怎敢在皇帝赐字的匾额上写自己的名字呢？所以这块匾额上自然也就没有署名。

涵虚牌楼直接点出了颐和园这座皇家园林的精辟所在，它与中国传统的山水文化紧密相连，体现了园林设计者高

◎涵虚堂观景

超的造园技艺，是正式游玩颐和园的序曲，给参观者以无限的遐想。

外务部公所位于颐和园东宫门外广场南侧，
占地面积近8300平方米。

［第2站］

外务部公所

从外部来看，外务部公所这组建筑群的青砖灰瓦及广亮式的大门，与毗邻的富丽堂皇的颐和园东宫门相比略显简陋，这组建筑如拱如卫、如仆如从地陪伴在这座园林旁边，从而形成主次分明的建筑格局。进入外务部公所，只见屋宇精整、红柱绿牖，一东一西两组古建筑院落相互依托，别有一番意境。从外务部公所名称上我们也可大体知道，这组建筑是晚清时期外务部在颐和园办理外交事务的机构。光绪二十八年（1902）到光绪三十四年（1908），慈禧太后每年都会在颐和园接见外国使臣，最多的一年达十四次，外务部公所正是这段历史的实物见证。

清漪园时期，乾隆帝从未在此处理政务，因此东宫门外的外务部公所的所在区域在当时仅是一片空地，只有在其东北侧，建有一座三间的“堆拨”房，即护卫哨所。光绪二十七年（1901），清廷明令改总理各国事务衙门为外务部，班列六部之首。庆亲王奕劻奉命总理外务部事务，体仁阁大学士王文韶为外务部会办大臣，工部尚书瞿鸿禨调补外务部尚书，授为会办大臣。光绪二十八年（1902），那桐任外务部左侍郎，次年擢户部尚书，旋调外务部会办大臣，赴国外考察银行、税务

◎颐和园 外务部公所大门

◎清 颐和园 外务部公所石碑（正面）

◎清 颐和园 外务部公所石碑（背面）

之事。那桐是晚清时政的一位重要人物,他所写的《那桐日记》记述了慈禧太后和光绪帝在颐和园演绎外交风云的前前后后，也间接记录了颐和园外务部公所的具体工作情况。外务部从成立到消亡一共四位尚书，依次为瞿鸿禨、袁世凯、梁敦彦、吕海寰，其所管辖的范围极广，负责一切对外交涉事务，除签订条约、划定疆界、派遣使节外，更多的是有关通商、海防、路矿、关税、邮电、华工、传教、游历等事务。有了外务部，其办公的外务部公所也就应运而生了，这里成了协助慈禧太后处理外交事务最为重要的办公之地。

随着颐和园园林功能的彻底改变，外务部也需要在这座园林里有自己固定的办公场所，光绪二十八年（1902）前后，东宫门外的外务部公所陆续正式建立了东院和西院。

外务部公所东院建筑为五排三进，最北边为七间群房，正中为北向的广亮式大门，群房东侧还有两间耳房与群房连成一体；群房往南为北房五间，中间为过道；再往南为东西两侧各三间厢房，往南又三间正房，东西两侧各带两间顺山房，对称严整。从北边群房中间的大门开始，中轴线上的十四间宽阔笔直的走廊将南北各座建筑贯通连接起来，直通到最南部矗立着的一座砖木结构、体量巨大的大堂。

这座大堂由美国建筑师詹美生设计建造，为一层的中式单体大屋顶建筑。它建在高大的砖石台基上，台基东西长31.62 米，南北长25.31 米，再加上石质台阶踏步，建筑面积近900 平方米，可以说是颐和园中面积最大的一座单层独体建筑。大堂南面出厦九间，北面出厦七间，皆进深一间。整个大堂建筑平面犹如一个扁平的“凸”字形。由于建筑的面阔和进深都很大，内部又尽量减少对承重金柱的使用，必然对建筑

◎颐和园 外务部公所东院

◎颐和园 外务部公所西院

结构提出更高要求。因此，大堂主体屋顶内部采用了具有现代建筑特点的三角式屋架结构。《颐和园清外务部公所修缮设计》中写道："颐和园清外务部公所，则是尝试着用西方的三角屋架表现中国传统的屋顶形式，同时立面上也大量地运用扁拱窗……反映了当时中国近代建筑师对新的建筑结构与形式的探索。"

外务部公所西院只有一进院落，南部是一座三开间倒座正房，前边两侧对称的各三座联排七间厢房围合成一个宽敞的院落，西侧厢房后还有一座五开间西房。从建筑等级来看，西院明显低于东院，它并不是一组有明显中轴线的建筑，但整体风格和规制还是同东院趋于一致。

外务部公所见证了晚清的外交风云，同时也是中国传统建筑外观与西方建筑结构进行融合的典范所在，是清代末年中国建筑近代化进程中的重要实物。清亡后，外务部公所几经易手，残破不堪。2004 年，颐和园管理处将其正式收回，使其成为皇家园林的一部分。修缮一新后初辟为颐和园游客中心,后又成为颐和园管理处的办公之地。通过科学有效的管理，颐和园会更好地为来自五湖四海的游客服务。

东宫门外东侧的月牙河南北走向，
不但担负着颐和园内外水系的贯通和昆明湖水位调节的功能，
还彰显出颐和园晚清皇家园林的独特政治地位。

[第 3 站]

月牙河

乾隆帝把瓮山泊改凿为昆明湖、将畅春园西堤改为昆明湖东堤后，为彻底解决京西粮田灌溉、皇宫和园林用水之需，又将西山诸泉之水引入昆明湖；为更好地串联海淀万泉河水系，特沿东堤设立了多座水闸，月牙河便是其中一处水闸汇水之所。昆明湖与后溪河相通，水经后溪河流入谐趣园后，再从南水闸出水流入暗河，从月牙河北口流出至南口，最后经

◎清 张廷彦《崇庆皇太后万寿庆典图》中的“月牙河”

銮舆卫门前再入暗河后汇聚入万泉河水系。现在西山诸泉断流，东堤沿岸水闸基本上失去了原有的功能，月牙河作为水系一部分的功能全部消失，目前月牙河水源补给主要依靠自然降水和谐趣园暗河供应。

中国河流多为东西走向，金水河作为皇家宫殿礼制的一部分，无不是自西向东，紫禁城太和门前的金水河、圆明园大宫门前的金水河、颐和园排云殿前的金水河亦是如此。东宫门外的这条河流同上述这些河流方向相符，体现出这座园林对中国传统河流文化的吸收和高度浓缩的展现，此河形状似新月，因而得名月牙河。月牙亦作月芽，特指农历月初形状如钩的月亮，东宫门外这条弯弯的月牙河正如杨朔《三千里江山》中所说“阴历初四五的月牙,像条小船弯在西山头上”的那样令人神往。

◎清 沈源、唐岱《四十景图》中圆明园大宫门前的金水河

颐和园地势总体来说是西高东低，所以南北走向的月牙河很好地起到了排泄降水、积水的作用，同时月牙河周围建筑多为木质结构，万一“走水”，可以就地取水灭火。月牙河在东宫门前内弯，风水学中主大吉，保佑国泰民安，万事诸顺，绕东宫门似龙蟠，与东青龙的星宿学说契合。月牙河实际上就是中国古代神话中的天之四灵之青龙的象征，代表着《易经》四象中的少阳，四季中的春季。

月牙河南、北、东各有石平桥一座，呈品字格局，方便帝、后及官员出入园林，寓意通过这三座桥就可以用心去品味皇家园林文化的真谛所在。民国时期月牙河东侧石平桥拆除，现仅存南、北形制相同的两座一孔石平桥，桥长约 12 米，桥两侧有护栏各五块，桥体青石台基，栏板外雕有海棠花，最外

◎月牙河

侧桥翅带抱鼓，是颐和园东宫门外现存最为精美的石质桥梁。

月牙河是中国传统月亮文化的代表，伴随着古老的神话飘然而至，负载着深刻的原始文化信息，凝聚着中华民族深厚的生命情感和审美眼光。月牙河是母亲与女性的代表，是贞洁、洁净、爱与美的象征。夜晚，月牙河的水波映着微弱的星光，闪闪发亮，它与天空中的月亮交相辉映，讲述着这座皇家园林与众不同的过往。

东宫门前两侧原有青白石质狮子各一尊，
乾隆四十九年（1784）改为现在的铜狮子。

[第 4 站]

铜狮的秘密

东宫门前的这对铜狮通高 1.85 米、宽 1.74 米，面东呈坐蹲式，头微内侧，张口，胸前束一兽首衔铜铃，两侧各系有铜环火焰宝盖，北侧雄狮右前足下踏一绣球，俗称“狮子滚绣球”。南侧雌狮左前足下踏一仰卧状小狮，俗称“太狮少狮”。狮下铜座上部为卷草串枝花纹；中部有三角形垂带饰卷草、古钱纹；底部为云纹。铜座下为汉白玉石雕须弥座，束腰为俯仰莲，

◎东宫门前的铜狮

卷草纹饰。这对惟妙惟肖的铜狮被摆放在东宫门前，镇守着这座威严的皇家园林。

狮子原产于亚洲西部和非洲，汉代作为贡品传入中国。当时狮子等珍稀动物都养在帝王宫苑内，平民百姓难以看到。狮子的传入动摇了虎的地位，逐渐被人们视为辟邪瑞兽。加之佛教对狮子大为推崇，因此狮子也随着佛教扎根于民间，并被视作“百兽之王”。

狮子虽不是中国的“土特产”，但中国却有着独特的狮文化。每逢佳节，全国各地都有舞狮活动。人们套上五彩缤纷的狮子外套，模仿狮子的行走坐卧、俯仰跳跃。其中“双狮戏绣球”的活动，寓意生生不息、家族繁衍、社会繁荣。又如吉祥图案中的狮子滚绣球图，也具有同样的寓意。狮子的形象还经常出现在佛教的经典文献和佛教造像中。智慧佛文殊菩萨就以狮子为坐骑，从而给狮子增添了吉祥的含义。

明代西藏之佛教学者廓诺·迅鲁伯所著的佛教史书《青史》中称汉地（即中原）为文殊菩萨的教化之地，西藏则是

◎东宫门前的铜狮（北）

◎东宫门前的铜狮（南）

观音菩萨的教化之地。自此，藏传佛教把中原皇帝看作文殊菩萨在世间的转轮圣王，称之为“曼殊室利大皇帝”，即“文殊菩萨大皇帝”。由此可见，西藏称呼中原皇帝为“文殊”的历史已久。乾隆帝被六世班禅尊称为“天神文殊大皇帝”，又被八世达赖喇嘛称为“文殊菩萨大皇帝”，还被三世章嘉活佛认为是“文殊菩萨的化身”。乾隆帝得到了藏传佛教高层领袖的一致认可，从而使他“文殊菩萨在世间的转世圣王”这一形象深入蒙、藏信众心中。

东宫门前的这对铜狮子一方面起到镇邪的作用，同时还象征着佛教的无边佛法。狮子是文殊菩萨的坐骑，而乾隆帝又是文殊菩萨在世间的“合法代言”。乾隆帝巧用“文殊菩萨在世间的转世圣王”这一称号，励精图治，利用宗教的力量，团结蒙、藏地区的各个民族，比较圆满地解决了中原与蒙、藏

◎颐和园铜狮

地区间的民族关系。东宫门前的这对铜狮和园内无处不在的各种质地的狮子，无声地宣扬着乾隆帝处理民族问题的高超智慧，是中华民族团结的一种象征。

此外，颐和园排云门前也摆放着一对据说是圆明园大宫门前旧物的铜狮，文昌院和西门也各摆放着一对现代铸造的铜狮，它们和东宫门的这对铜狮交相呼应，大有异曲同工的效果。

“颐和园”这块匾上镌刻着五方印章，
分别为“光绪御笔之宝”“慈禧皇太后御览之宝”
“数点梅花天地心”“和平仁厚与天地同意”“爱日春长”。
此匾周围环绕着九条金龙，
所以这块匾被称为“九龙金匾”（也作“闹龙金匾”），
这块匾在颐和园所有匾额中规格和等级最高。

[第 5 站]

这块匾到底是谁所题？

“颐”为保养，修身养性之意；“和”为顺，心平气和；“颐和”二字则指保养性情，使人心平气和，以求延年益寿。这块匾上的三个字究竟是谁所写，一直存在以下三种不同的说法：

一、颐和园修缮竣工之时，按照清廷规制，东宫门上的匾额应由光绪帝题写。可当时的情况是慈禧太后大权在握，光绪帝只是个傀儡，于是慈禧太后亲笔题写了“颐和园”三个

◎东宫门“颐和园”老匾

大字。据说她原本想盖上“慈禧皇太后御笔之宝”，但此时光绪帝已大婚，她再次撤帘归政。如果盖上“慈禧皇太后御笔之宝”，朝野上下必有微词，且京西其他皇家园林正门的匾额均为在位帝王所题。由于怕自己百年之后招致骂名，所以在匾额上方盖上三方“佛爷宝”，之后又假借光绪帝之名，在匾额左侧上方加盖了“光绪御笔之宝”，另在其下方盖上了“爱日春长”的闲章，由此掩人耳目。

二、光绪年间重建颐和园时，慈禧太后广征楹联和匾额题字。一时间不单各大翰林争相献墨，就连京城的文人雅士也竞相献书，但所选题字呈送慈禧太后过目后，她均不满意。这时，恰逢庆亲王寿诞，翰林院编修高熙哲应邀前去祝寿，并请与自己交往甚密的恩科举人严寅亮（贵州印江人，土家族）写了一副寿联呈给庆亲王。严寅亮所题寿联为楷书，笔法不拘一格，雍容大气，秀媚中饶有风骨。庆亲王大为赞赏，并告

◎新建宫门“颐和园”匾

知高熙哲，颐和园正征集楹联和匾额题字，尚未终定，何不请严寅亮试书进献，以获功名？严寅亮得知颐和园征集楹联和匾额题字的消息后，甚感惶惑。既然朝中那么多书法家所书皆不中圣意，自己一个来自穷乡僻壤的落第举子哪能获选？继而又想，为何不借此机会试试身手？于是以楷、行、草各体书写了三十多幅“颐和园”门额，最终选出一幅最为满意的，经高熙哲、庆亲王之手呈至朝中。慈禧太后御览了严寅亮的题字后，赞叹不已，朱批了“录用”二字。随后严寅亮又题写了楹联二十三副、大小匾额十八方。慈禧太后审阅后都十分满意，全部采用，并于便殿召见，勉慰有加，赐玉印“宸赏”一枚。从此，严寅亮名满京城，特别是出自他手、悬挂于东宫门外的“颐和园”匾额，字迹苍劲有力，挥洒自如，别具风格，颇为人们所称道。

三、正史所载，此系光绪帝亲题的“颐和园”金字匾。相传，这一天正是重阳节，光绪帝将满朝文武大臣召到玉澜堂，命人将一张如匾大的宣纸放在龙案上。接着，他拿起足尺湖笔，

◎“颐和园”匾

蘸饱松烟徽墨，挥手在纸上写了“颐和园”三个大字。众大臣看罢，连声称好。光绪帝端详了好一阵，便叫人呈给慈禧太后，请她一阅。慈禧太后看了也十分满意，叫人照此字迹重新做了一块九龙金匾，挂在了颐和园的东宫门中间檐下。直到现在，这块大匾还悬挂在颐和园的东宫门。

“颐和园”这块匾为慈禧太后所题一说是为传说，无任何史料记载；严寅亮所题 说只在北京科举匾额博物馆的相关材料中提及，正史亦无；光绪帝题一说见于正史，真实可靠。

太湖石因产地不同有南北之分，
南太湖石主要产于江苏省太湖流域，
由于水的长期侵蚀作用在其表面形成了
许多大小不一的涡洞和孔隙，
这就使其具有了“瘦”“透”“漏”“皱”的特点，
为历代帝王和文人所喜爱。

[第 6 站]

寿星石与四季石

太湖石特点之“瘦”是指观赏石体态纤瘦，形状怪异却不失挺拔，整体线条清晰明朗；“透”是指石体玲珑剔透，表里如一，体态纹理纵横，石质细腻洁净；“漏”是指观赏石体态玲珑，溶洞贯通，石体嶙峋，连环透空；“皱”是指石体态起伏，时隐时现，石体凹凸，线条若明若暗。

在中国古典园林中一向有“无石不园”的说法。这些千

◎寿星石

奇百怪、姿态各异的太湖石是堆砌假山、点缀园林的名贵石料，也是中国古典园林构成要素之一。

仁寿殿门正西矗立着一块巨型的南太湖石峰，此石高 4 米，宽 2.1 米，上大下小，孔洞相连。从东面欣赏此石，会发现它酷似一位额头凸出、弯腰拱手作揖的老者，因而得名寿星石。该石西面孔洞沟壑繁密，颇具山川灵秀之美。整石周围饰以汉白玉栏杆，下垫六角须弥石座，是中国园林置石的典范之作。此石非清漪园旧物，系光绪十五年（1889）重修颐和园时从墨尔根园移至此处。

墨尔根园又是谁的园林呢？据考证，墨尔根园是睿亲王多尔衮后人魁斌的睿王园。这座睿王园的前身就是明代书法家米万忠的勺园。他在北京建有三座私家园林（漫园、湛园、勺园），其中以勺园最为有名，勺园以建筑、假山、花木、匾额的素雅脱俗闻名于世。清代，此处归内务府所有，康熙帝把它改建成弘雅园赐予郑亲王端华；乾隆朝时乾隆帝又把弘雅园改赐和珅并改名为淑春园；这里还一度成为马戛尔尼访华团驻京期间的临时居住之地;最终，嘉庆帝把它赐予睿亲王，此园在有清一代最终得名墨尔根园。

这座来自墨尔根庄园的寿星石最早的收藏者究竟是谁已无史可考，但它以造型奇特、色泽圆润的外观成为仁寿殿前的影壁，起到园林障景的作用，根植在皇家园林的勤政办公区域之中。

光绪时期，先后担任过领侍卫内大臣、宗人府府丞等职的多尔衮十一世孙魁斌把自己私园睿王园中的寿星石移进皇家园林颐和园。

在仁寿殿前的庭院中还摆放着代表春、夏、秋、冬四季的四块南太湖石峰，见证着春华、夏荣、秋实、冬枯的变迁。四块太湖石原位于圆明园水木明瑟之中，现在院中的这四块太湖石以位于庭院西南、摆放在八角形石座之上的一块最为精美。难怪乾隆帝会亲自在甲子夏日为它题词一首："林瑟瑟，水泠泠，溪风群籁动，山鸟一声鸣。斯时斯景谁图得，非色非空吟不成。"这首词不禁使人浮想联翩，仿佛看到水法盛景，听到鸟鸣流水之声。后此四峰石又移至清华园，1936 年由北平市文物整理实施办事处商榷从清华大学迁至颐和园并放置于此。

现在摆放在仁寿殿庭院中的这五块太湖石恰似庐山盛景五老峰，颇有"青天削出金芙蓉"的雄奇挺拔。它们与仁寿

◎东北处太湖石

◎东南处太湖石

◎西北处太湖石

◎西南处太湖石

◎西南处太湖石上的御题诗：

“林瑟瑟，水泠泠，溪风群籁动，山鸟一声鸣。

斯时斯景谁图得，非色非空吟不成。”

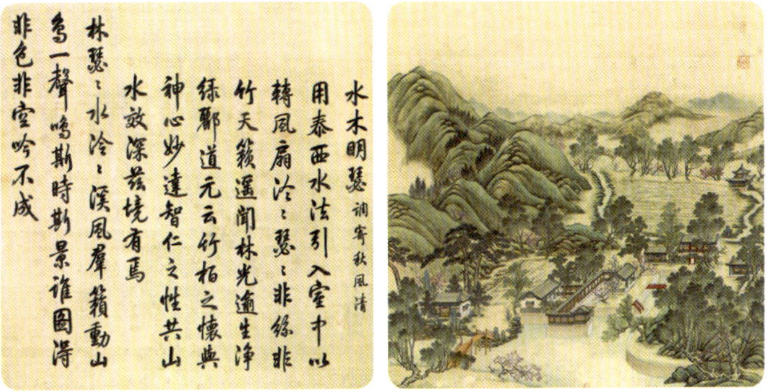

◎清 沈源、唐岱《四十景图》之“水木明瑟”

殿的“寿”字交相呼应，不但见证了近代园林历史的一段变迁，还充分体现出“莫谓此中天地小，卷舒收放卓然庐”的自然情趣，更洋溢出“一峰剥尽一峰环，折经崎岖绕碧湍。拟欲寻源最深处，流云缥缈隐仙坛”的园林意境。

在仁寿殿广场正中的汉白玉须弥座上有一尊铜制的怪兽，
我们一般称它为“麒麟”。
它长有龙头、鹿角、狮尾和牛蹄，
遍身鳞甲，还带有火焰纹。
虽然在现实生活中并没有这种动物，
但古代工匠们却把它塑造得栩栩如生。

[第 7 站]

神兽麒麟

麒麟象征着吉祥富贵，它的出现，寓示着国泰民安。仁寿殿广场的这尊铜麒麟呈坐蹲式，前肢直立，后肢弯曲，全身饰鳞片，头部铸有“大清乾隆年制”六字铸文。

麒麟与儒家学派的创始人孔子有着深厚的渊源。传说孔子降生的当天晚上，有麒麟降临在孔府阙里人家，并吐玉书，上有“水精之子孙，衰周而素五，徵在贤明”字样。至今，在

◎仁寿殿前的麒麟（正面）

文庙、学宫中还以“麟吐玉书”为装饰，以示祥瑞降临，圣贤诞生。孔子生活的时代，“礼乐征伐自诸侯出”，礼崩乐坏，社会动荡不安，传说麒麟见于郊野，为人所贱，孔子喟叹麒麟“出非其时”，标志着世界的日暮途穷和哲人的穷困，所写《春秋》于此绝笔，故《春秋》又别称“麟史”“麟经”。麒麟性情仁厚、温和，中规中矩，不伤人畜，不践花草，故称为“仁兽”。“仁”这个字，是儒家学说的思想核心，也是为人处世的道德准则。孔子是儒家思想的宗师，倡导仁义与中庸之道，与内在仁厚犹如彬彬君子的麒麟形象相辅相成。“仁”是中国古代一种含义极广的道德范畴，本指仁爱。孔子把“仁”作为最高的处事原则、道德标准和思想境界。所以，麒麟实际上就是正统儒家的象征。

自古以来，中华民族的先人将麒麟与凤凰、龟、龙共称为“四灵”。从其外部形状上看，麒麟具有龙首、鹿角、牛蹄、

◎仁寿殿前的麒麟（侧面）

◎麒麟露陈座上的“卍”字符

狮尾、虎背、熊腰、蛇鳞的特点。可以说，麒麟是中国人“集多种美好于一身”的思想而产生、创造出的虚幻动物。人们把麒麟当作仁兽、瑞兽、神的坐骑。中国的建筑尤其是居民建筑多为砖木结构，盛行在房檐、房山墙、门楣、窗框、影壁、柱础、板墙、屋脊、抱鼓石等处以砖雕、木雕或石雕的方式装饰寓意深刻的吉祥图案，麒麟便是其中常用的吉祥动物。

有的人家在大门的两侧装饰石雕麒麟，既显示出门庭的高贵，又能起到镇宅避邪的作用。

仁寿殿广场正中的这尊麒麟非颐和园旧物，它于 1937 年 6 月从圆明园长春园二宫门移至此处，麒麟本为一对，机缘巧合让两尊残缺的麒麟合铸为了一尊。如果仔细看这尊麒麟的左前腿，会发现有一处明显的接痕，这条接痕就是其合二为一的佐证，引出了游客的无尽遐想。麒麟在中国的传统文化中是象征仁慈的祥瑞之兽，只有在太平盛世的时候才能见到它，这也许才是乾隆帝铸造它的根本用意所在。

◎仁寿殿前的麒麟（背面）

在说仁寿殿之前，首先想先跟大家聊聊孔子。
这位先贤名丘，字仲尼，
是春秋末期鲁国陬邑（今山东曲阜市东南）人，
他提倡“仁义”“礼乐”“德治教化”
以及“均以民为体”的哲学思想。
孔子极少谈论神，拒绝讨论来世，
避免任何形式的形而上学，
他是中华思想文化的集大成者。

发现 · 颐和园

[第 8 站]

仁寿殿的“仁”字究竟代表了什么?

我们今天要说的这座雄伟的殿宇，就是当时颐和园的政治统治中心——仁寿殿。它始建于乾隆十五年（1750），原名勤政殿。乾隆帝曾规定，所有皇家御苑中临朝的政殿都叫勤政殿，意思是告诫帝王游园时不要忘了勤理政务。嘉庆帝在《勤政记》里写道：“君勤则国治，怠则国危。”也就是说，理政勤不勤是关系到皇帝宝座稳不稳的问题。后来，慈禧太后

◎孔子画像

复建颐和园时将此殿改名为“仁寿殿”，取自“仁者寿”之意。其意思是怀有仁爱之心、胸怀宽广的人容易长寿。慈禧太后一生最大的愿望就是长生不老，她不仅将殿名改为“仁寿殿”，还在大殿内外增添了不少象征长寿的装饰品。殿内高悬的“寿协仁符”匾额下有一面玻璃镜面的屏风，上面用不同的笔法书写了二百二十六个“寿”字；西墙的南北两侧悬挂着两幅巨大的书法作品，洒金纸上的一百只蝙蝠衬托的也是一个笔力遒劲的“寿”字，寓意“百福捧寿”。据说，这个“寿”字还是慈禧太后御笔亲题的呢！仁寿殿的屋顶是一座典型的卷棚歇山顶建筑，屋面覆盖着圆形的筒瓦，每组筒瓦的瓦心中镌刻的还是“寿”字，屋顶的寿字加起来又有四百一十二个。慈禧太后在这里用了近千个“寿”字来表示对长寿的渴望，可谓用心良苦。

现在仁寿殿内基本上是光绪时期的原状陈列，正中的地平台上设有紫檀木精雕宝座和御案，四周设有掌扇和香炉，每当早朝时，点蜡烛的鹤灯、烧檀香的鼎炉、烧藏香的龙抱柱

◎仁寿殿

就要全部被点燃，制造出一种灯火通明、香烟缭绕的威严气氛。然而，中国近代史上发生的一些重大事件，如维新变法运动的开端与失败、镇压义和团运动的敕令和诏书、诸多丧权辱国条约的酝酿和签订，都是在这里炮制、议定和批准的。

孔子又和仁寿殿有什么关联呢？

原来仁寿殿的“仁寿”二字取自《论语·雍也》篇中的片段——“子曰：知者乐水，仁者乐山；知者动，仁者静；知者乐，仁者寿。”孔子认为人和自然是一体的，山和水的特点也反映在人的身上。在千变万化的大自然中，水是多变的，具有不同的形态，它柔和而又锋利，可以为善也可以为恶；山则是稳定的、可信赖的，它始终矗立不变，包容万物，是最可靠的支持。聪明的人和水一样随机应变，不固守一成不变

◎仁寿殿内景

的规则或标准，破除愚昧，取得成功，即便失败，也能随遇而安另谋发展；仁爱的人和山一样稳定和平静，不为外在的事物所动摇，他们以爱待人待物，像群山一样向万物张开双臂，宽容仁厚。孔子把整体的道德规范融在一起，形成了以“仁”为核心的伦理思想结构，它包括孝、悌、忠、恕、礼、知、勇、恭、宽、信、敏、惠等内容。其中孝悌是仁的基础，是仁学思想体系的基本支柱之一。颐和园把儒家思想中所提倡的山水观表现得淋漓尽致，暗示出清代统治者的根本统治观念：“文武之道，一弛一张。退省庶政，其罔弗臧。尝闻君德，莫大于仁”。

◎仁寿殿歇山顶山花

“昔者君子比德于玉焉。温润而泽，仁也。”意思是说君子的德操可以和玉相比，温暖而有光泽，这便是《礼记·聘义》中孔子所说的仁。“君子比德”说是一种非常有特色的阐述君子人格的方式，它鲜明地反映了儒家的美学精神和审美兴趣。孔子在此基础上提出“知者乐水，仁者乐山”，进一步突破自然美学观念。有智慧的人通达事理，所以喜欢流动之水；有仁德的人安于义理，所以喜欢稳重之山。这种以山水来比喻人的仁德功绩的哲学思想对后世产生了无限深广的影响，深深浸透在中国传统文化的精髓之中。

儒家思想维护了中央集权制度的国家统治，以天下一统为治国目标，影响了中华民族的价值取向和审美观。颐和园的建造设计思想符合儒家入世、治世的思想，其重视人与人的社会关系，以及人所扮演的社会角色应该履行的责任和义务，其本质正是仁。

仁寿殿的这个“仁”字正是对儒家思想高度凝结的展现。“敬胜怠者吉，怠胜敬者灭。义胜欲者从，欲胜义者凶”。清代帝王从明朝亡国的惨痛教训中得出了一条结论：作为最高统治者的帝王必须勤政，而不能怠政。因此，清代皇家园林里凡是临朝的殿宇都叫勤政殿。当历史的脚步从清漪园跨越到颐和园，昔日的勤政殿也被更名为仁寿殿，这不仅仅是简单的名字转变，更是晚清朝政大权牢牢掌握在慈禧太后手中的标志。

◎仁寿殿雪景

仁寿殿外的月台上摆放着铸造于光绪年间、形制基本相同的两只铜龙和两只铜凤。

[第 9 站]

凤在上，龙在下

龙、凤是封建王朝皇帝和皇后的象征，它们的形象美丽而奇特。龙集中了许多动物的特点:鹿角、牛头、蟒身、鹰爪、鱼鳞，传说它能巨能细、能幽能明、能兴云作雨、能降伏妖魔，是英勇、权威和尊贵的象征，现在中国民间仍把龙看作神圣、吉祥之物。凤凰在远古图腾时代被视为神鸟而予以崇拜，它头似锦鸡、身如鸳鸯，有大鹏的翅膀、仙鹤的腿和孔雀的尾，

◎排云殿前的铜凤

◎排云殿前的铜龙

被称为“百鸟之王”，它是封建王朝最高贵女性的代表，与象征帝王的龙相配，称为“龙凤呈祥”。

自然界中并无凤凰这种鸟，我们只能从古代的有关典籍中领略凤凰的形象美姿。《尔雅·释鸟》中说它：“鸡头、蛇颈、燕颔、龟背、鱼尾、五彩色，高六尺许。”“出于东方君子之国，翱翔四海之外，过昆仑，饮砥柱，濯羽弱水，莫(暮)宿风(丹)穴，见则天下大安宁。”《山海经·图赞》上说它：“首文曰德，翼文曰顺，背文曰义，腹文曰信，膺文曰仁。”总之，凤凰是集众动物大成之美于一身的祥瑞之物。

凤凰还是传说中能给人民带来和平、幸福的瑞鸟。那么，凤凰的原型究竟是什么动物呢？有的学者说是孔雀或家鸡，有的学者认为是锦鸡或雏，更有学者坚信凤凰就是大鹏鸟。在中国神话传说中，凤凰被称为玄鸟，深受百姓喜爱，从而表达对美好吉祥生活的向往，于是鸟图腾崇拜出现了。远古时，凤凰的地位其实是远远高于龙的。在出土的春秋战国时代的壁画中常见展翅飞翔在画面正中的凤凰啄戏陪伴其身旁的龙，这就是最好例证。但随着时间的推移和帝制的出现，二者却发生了根本性的角色转换，龙成了历代帝王所独有的象征，是万物的中心；凤凰则成了龙的附属。

仁寿殿庭院中的铜龙造型呈奔走状，一前爪向上抬起置于水波纹铜座上，铜座左右饰人物图案，前后为蕉叶、方胜、“卍”字、双钱纹饰，铜座下承饰吉祥卷草纹图案的石束腰座。铜凤造型呈行走状，口微张，尾下托置于山式铜座上，铜座下亦承饰吉祥卷草纹图案的石束腰座。这对造型生动、栩栩如生的铜龙凤为腹空设计，它们在当时实际上是用来燃点檀香的香炉，龙凤腹内燃烧檀香，浓郁的香烟从龙口、凤嘴中

◎仁寿殿前的铜凤

◎仁寿殿前的铜龙

缓缓飘出，营造出一种神秘的氛围。此外，排云殿月台之上也有一对与它们的形制完全一致的铜龙和铜凤，只是摆放的位置和仁寿殿庭院前的略有不同。

一般来说，在皇家庭院陈设当中，居中的位置代表着至高无上，理应在正中间摆放一对铜龙。作为附属，在铜龙旁边依次摆放铜凤，或者一对铜龙摆放在一对铜凤正前，可颐和园的两处庭院却选用了龙凤易位的摆法。这又是为什么呢？原来颐和园重修时正值慈禧太后的权力巅峰时期，当时的她可谓一言九鼎，就连光绪帝在她面前都需要“俯首称臣”，所以在她长期的“办公”之所，出现如此摆设，也就可以理解了。是谓凤在前飞，龙在后追，也就出现了“凤主龙辅”的园林设计风格，铜龙和铜凤的摆法在颐和园只是其中之一，形成了别样的“龙凤呈祥”寓意。

◎龙“虚”凤“实”

仁寿殿殿外的月台南北端分别摆放着一口铸造于光绪年间的铜缸。

[第 10 站]

铜缸里为什么要蓄水?

这对铜缸放在四块拼搭的素圆石座上。两口铜缸形制完全相同，腹宽口收，容量极大，腹部装饰有精美的金色“卍”字和寿字图案，左右双兽衔环处还点缀着镏金万字和寿字纹饰。此外，在乐寿堂前和德和园庆善堂前各摆放着一对铜缸，排云殿月台下摆放着两对铜缸，也就是说，颐和园一共有一模一样的铜缸五对，共计十口。这些铜缸在阳光的照射下熠

◎乐寿堂前的铜缸

◎德和园内的铜缸

熠生辉，在周围环境的映衬下显得富丽堂皇，更加体现了皇家园林的高贵典雅。

颐和园中的建筑为木质结构，在“金、木、水、火、土”五行中，“木”象征春天、绿色和生命，在帝王游玩的皇家园林之中体现了鲜明的中华民族的建筑文化特色。有人会问园内这么多的木质建筑最害怕什么呢？答案是火。

颐和园中的这些铜缸的真正作用就是储水，以备消防救火之用。但试想一下，如果园内殿宇意外“走水”，光靠殿前门口这点儿存水是远远不够的，实际上铜缸的象征寓意远远大于它的实用功能。铜缸放在月台上，月台代表五行中的土；铜缸的质地为金属，代表五行中的金，寓意“土生金”；铜缸内盛满水，寓意“金生水”；水又克火，从而达到“灭火”的寄托。铜缸还有另外一个别称叫作“门海”，从字面上不难理解，“门海”即是门前大海之意。人们普遍认为，殿宇门前有

◎排云殿月台下的铜缸

◎仁寿殿前的铜缸

了大海就不会再发生火灾了。这体现了人们对美好生活的向往。此外，在风水学中，水还有聚财的含义，铜缸中放满了水，暗喻国库充裕。

光绪时期，颐和园内铜缸的日常使用非常讲究。春、夏、秋三季，海军衙门委派杂役每天巡看铜缸，及时添水，隔期换水；冬天，颐和园非常寒冷，为防止缸内存水结冰，园内的值守太监要在铜缸外套上一层特制的棉套，缸口还会再加上厚厚的盖子，并在腹空的素圆石座内放置长燃炭火，从而从根本上保证了存水可随时使用，保暖工作一般从小雪时节开始持续到惊蛰节气结束。

颐和园中的铜缸不仅是庭院中的装饰物，更有防火的实用价值。此外，铜缸放置在皇家园林之中还有吉祥如意、永保天下太平的寓意。

◎雨中乐寿堂前的“门海”

◎铜缸细节

天地一家春殿本是圆明园四十景中九州清晏的一处景观，
为皇帝嫔妃居所，
其建筑风格朴素典雅。

发现 · 颐和园

[第 11 站]

快看！天地一家春

咸丰十年（1860）九州清晏几乎被英、法联军全部烧毁，同治帝重修圆明园时，由于财力所限未能将此区域修复，但这位皇帝出于对慈禧太后的孝心硬是把天地一家春殿移建在绮春园之中并改名为承恩殿；可不知为何，在建成后同治帝又亲自下令将其拆除。

颐和园的仁寿殿、乐寿堂、德和园、排云殿等处的露天

◎清 沈源、唐岱《四十景图》之“九州清晏”

铜器上都铸刻有“天地一家春”的印章，这些铜器均铸造于光绪年间，这与圆明园的天地一家春殿有着什么渊源呢？对于清朝统治者而言，曾经的圆明园四十景中可纪念、可追忆的地方太多了，可颐和园中的这些铜器为什么唯独对“天地一家春”念念不忘呢？原来，这与慈禧太后有着密不可分的关系。

慈禧太后刚进宫时地位卑微，咸丰帝只封了她一个兰贵人的封号，可后来她为什么权力越来越大，“当政”近四十八年呢？她所得到的这些都是从圆明园的天地一家春殿开始的。可以说，天地一家春殿是慈禧太后的发迹之地，因此“天地一家春”对她来说意义非凡。天地一家春殿是慈禧太后选秀入宫初期在圆明园的住所，咸丰帝宠幸兰贵人就是从这里开

◎铜龙铜座上的“天地一家春”大印

◎铜凤山式铜座上的“天地一家春”大印

◎铜缸上的“天地一家春”大印

始的，天地一家春殿承载了慈禧太后与咸丰帝的爱情，也就是在这里，兰贵人怀上了咸丰帝唯一的儿子。关于这段史实，在《火烧圆明园》这部电影中还演绎着这样一段故事：咸丰帝在圆明园居住时，常与群臣在正大光明殿处理政务，而住在附近的兰贵人用重金买通了咸丰帝的贴身太监。于是，太监在闲暇时故意把咸丰帝的注意力往兰贵人身上引，她特意粉装淡抹，倚着雕栏，哼唱着江南小曲《艳阳天》，曲唱得是如此的奇美，令多情的咸丰帝魂不守舍，乖乖地走进了兰贵人的天地一家春殿……自此，名不见经传的她，开始了步步高升的日子。辅政能力极强的兰贵人极讨咸丰帝的欢心。她先晋升为懿嫔，在生下咸丰帝唯一的皇子之后，更是一步登天，晋升为懿贵妃，成为仅次于皇后的人物。咸丰帝驾崩后，由于嗣君年幼，懿贵妃联合恭亲王在除去了咸丰帝的顾命八大臣之后，理所当然地成为垂帘听政的皇太后。可以说，天地一家春殿是慈禧太后的发祥地，“天地一家春”这五个字怎能让她忘怀！

光绪年间，在重修清漪园的时候，慈禧太后曾让工部找来了当年圆明园九州清晏的图样，本想在这座园子里再建一座天地一家春殿。可是当时国库过于空虚，再也拿不出许多银两。她又难以割舍对天地一家春殿的思念，于是心生一计，在匠人们铸造露天铜器的时候，特意下了一道懿旨，在每个铜器上都铸刻上了“天地一家春”的大印，并把它们摆放在了自己办公的仁寿殿、居住的乐寿堂、听戏的德和园、做寿的排云殿之中，以示纪念。

◎圆明园天地一家春烫样

光绪十六年十月二十八日（1890 年 12 月 9 日），
清工部奏请朝廷采办电灯机器，
拟在修缮颐和园时，
为颐和园安装上电灯。

[第 12 站]

电灯公所

光绪十六年（1890），清工部通过海军衙门委托广东鱼雷学堂的洋教习德弁马驷，从德国购买了一台蒸汽机带动的二十马力（约十五千瓦）发电机组。光绪十七年八月二十五日（1891 年 9 月 27 日）前，电机组被运往京师安装，选在颐和园东宫门南北九卿房南侧建电厂发电，正式设立颐和园电灯公所。该部门由二十多名人员组成，庆亲王奕劻亲自总领，专供园林

◎仁寿殿内的电灯

殿堂内的西洋花式大吊灯、长廊内檐照明电线线路及各种生活用电。颐和园的电灯公所是继奉宸苑西苑电灯公所之后京师的第二处宫廷办电之地，是当时清政府融入世界潮流的一种表现，同时也见证了首都供电事业的开启。

颐和园的发电设备在庚子事变（1900）中被八国联军烧毁。光绪二十七年（1901）慈禧太后从西安回到北京后，仍选择居住在颐和园。当时的太子少保、邮传部左侍郎盛宣怀奉献白银五万余两，重建颐和园电灯公所，他向上海德商荣华洋行订购发电设备并于光绪二十九年（1903）十一月初运送到京师。光绪三十年（1904）五月中，所购设备由“洋工匠”瑞士敏安装在园内东宫门东南角（耶律楚材祠南侧），通过电线的串联，颐和园各处的电灯终于再次亮起。现在颐和园仁寿殿、乐寿堂、排云殿展示的各种样式的电灯，就是光绪三十

◎乐寿堂内的电灯

年（1904）农历四月底修复颐和园电灯公所时安装的，到2020年已有一百一十余年的历史了。

慈禧太后可以说是中国最早使用电灯的领航者之一、京师使用电灯的第一人，作为清朝实际的最高统治者，全盘接受这些“泰西电灯”也不是一件容易的事。据说，德国商人想将电气商品打入巨大的中国市场，可如何操作，成为一个不小的难题。深思熟虑之后，他们决定以慈禧太后为突破口，他们重金贿赂慈禧太后最为信赖的贴身太监李莲英，在李莲英的精心安排下不经意间把德国的电灯安进了慈禧太后的颐和园。电灯方便、干净、明亮、安全的特性逐渐被慈禧太后接受，成为她离不开的生活必需品。“上有所好，下必甚焉”，在慈禧太后的引领下，德国商人终于成功地把电灯及其配套

◎排云殿内的电灯

设备引入中国市场。

光绪三十四年（1908）后，颐和园不再供帝后驻跸，电灯公所停止供电。1931 年 5 月，颐和园管理部门拟将原有的电灯、锅炉等设备拍卖，所得收入代购长途汽车两辆用于运载游客增加收入，但由于种种原因未能实施。1931 年，电灯公所被拆除，发电机设备下落不明。如今，漫步在这座皇家园林建筑中，幸运的话抬头观望也许可以邂逅当年定制的铸有蝙蝠图案的铜质电灯座，它们体现着中国现代化文明的开端。

仁寿殿北面有一口专供慈禧太后寿膳房使用的水井，
传说这井里的水甘甜清澈，
非常可口。

发现 · 颐和园

[第 13 站]

延年井的传说

据说喝了延年井里的水可以益寿延年，当年慈禧太后在颐和园居住期间的生活用水必须由太监每天到延年井来取用。这口井原来有座井亭，在井亭旁边设有值房，有专门的太监常年看守此井。

就水质而论，玉泉山之水当属上品。乾隆帝曾将国内的几处名泉加以评比，他在《玉泉山天下第一泉记》中写道:“水

◎春天的延年井

◎夏天的延年井

之德在养人，其味贵甘，其质贵轻。然三者正相资，质轻者味必甘，饮之而蠲疴益寿。故辨水者恒于其质之轻重分泉之高下焉。尝制银斗较之，京师玉泉之水斗重一两，济南珍珠泉斗重一两二厘，杨子金山泉斗重一两三厘，则较玉泉重二厘或三厘矣。至惠山、虎跑则各重玉泉四厘，平山重六厘，清凉山、白沙、虎丘及西山之碧云寺各重玉泉一分……”评比结果一目了然，玉泉山的水质最轻，由于水的含铁量和杂质较少，溶有一些气体如二氧化碳之类，既轻又甘甜可口，故命名为“天下第一泉”。经过皇帝的亲自品评和赐名，玉泉山的“玉水”更是身价百倍，被专门指定为宫廷饮用水，每天运入内廷八十罐，其中四分之三供应各宫的茶房，余则交膳房。玉泉山的水在清代宫廷中是如此珍贵，但在慈禧太后眼里延年井的水却要比玉泉山的水强百倍。

传说，延年井原来是一口自流井，而且这口井是大井套

◎秋天的延年井

小井，在砖砌的大井底下还有一口小井，而在小井里又续有几丈深的竹筒（使用大竹子拼接成管状然后一节一节地续在井下），使地下水通过竹筒流到地面长年不断，这些流出来的水又通过暗道流往寿膳房等处供人们使用。在延年井正对面也就是仁寿殿的南侧设有茶炉，这是专门给慈禧太后烧井水的地方。慈禧太后为了长寿，念念不忘这口延年井的水，每当太监们给慈禧太后送水的时候总要说上一句“这是从延年井给您打来的水”，慈禧太后听了特别高兴。据说，八国联军打进北京，慈禧太后带领部下逃往西安，逃难途中路过颐和园时，命部下休息一下，为的便是来到颐和园仁寿殿前的延年井边

◎冬天的延年井

喝一口井水。后来，慈禧太后从西安回到北京后还是念念不忘延年井的水。当年，慈禧太后只要来颐和园居住，不管是烧水做饭还是饮用都必须使用延年井的水。

延年井一直到 20 世纪 50 年代还能饮用，其水质清澈、甘甜。20 世纪 60 年代后，井水逐渐干枯，现在已经成了一口干井，只有“延年井”这三个字还在井口旁的山石之上。

牡丹花常被称为“富贵花”，
它是花中之王。
自唐代以来，牡丹就成了民间的最爱，
慈禧太后也极爱牡丹，
所以在仁寿殿南北两侧的国花台上遍植此物也就很好理解了。

发现·颐和园

[第14站]

国花台

仁寿殿南、北两侧的小型国花台，由于其独特的地理位置，在颐和园中最为著名，有“花开时节动京城”的美誉。这两座国花台南侧为五层，北侧为八层，落差有致，不由让人驻足抬眼赏析，极富美感。春天，数百株牡丹在这里吐艳争芳，红花绿叶衬着层层叠叠的山石，别是一番景象，从而使得周围空间与仁寿殿既隔又透，不失园林的氛围。

◎国花台牡丹初开

长廊北侧无尽意轩和介寿堂之间的梯状花台是颐和园内最大的一座国花台，也是其中最为杰出的代表。这座国花台建在佛香阁东边的一块较开阔空地上，依山平面呈弧形，立面为阶梯状。原为上下十四层，周围台墙上覆盖琉璃瓦，1972年改建为十三层。春日花开层层互不遮挡，便于观赏。矗立在此台之中，“国花台”三字石碣由八品苑副白永麟奉旨书写，光绪二十九年（1903）放置于此。

清代，颐和园栽种引自曹州（今山东省菏泽市）的牡丹每年四月底至五月初竞相开放，美不胜收。中国历朝历代都有自己的国花，清代的国花是牡丹，它不但体现出统治者雍容大度的胸怀，更是富贵吉祥的象征。据说，由于慈禧太后看厌了时令中的花卉，曾在冬天颁布一条懿旨让曹州府进献

◎国花台

牡丹。曹州知府接到旨意之后，且怕且喜。怕的是，牡丹春天开花，让它在冬天开放岂不是异想天开？喜的是，若能按令进献，定会加官晋爵，青云直上。在反复权衡之后，曹州知府决定准备火速承办此事。巧的是正好当地有一位老花农对牡丹的品性了如指掌，可通过根来辨别牡丹品种，在深思熟虑之后自创“火炕烘花”之法，通过精心选种、破土挖窑、窑中做炕、炕上栽种、烧火加温、施肥浇水等方法，终于让各色牡丹在冰天雪地的腊月绽放。宫中的慈禧太后在严冬时节看到牡丹后甚是欢喜，大大嘉赏了这位知府。

牡丹花开之时的花姿让人为之倾倒，富贵祥和的形象代表了百姓对未来的憧憬，寓意国家繁荣昌盛、兴旺发达。牡丹文化是精神文明和物质文明相结合的产物，从古今中外牡

◎雪中的国花台

丹发展的历史来看的确如此。因为牡丹代表了富贵，太平盛世时人人皆喜牡丹，所以牡丹发展于盛世，牡丹文化也是如此。光绪二十九年（1903），慈禧太后颁布懿旨，把牡丹定为国花，这就是中国最早由法律规定的国花。1929年，民国政府改定梅花为国花。中华人民共和国成立以来，以哪种花卉作为国花始终处在讨论之中，并无定论。

德和园是一组大型的宫廷戏院建筑群，
前后四进院落，以三层的大戏楼为主体，
包括园门、扮戏楼、大戏楼、东西看戏廊、
颐乐殿、后罩殿、东西配殿、后垂花门等建筑物，
沿着一条南北的轴线依次排列，
与万寿山东麓山脊上的景福阁的中轴线对位重合，
楼阁相望，互为辉映。

[第 15 站]

京剧的摇篮

晚清红极一时的京剧名伶杨小楼、谭鑫培、田纪云、王瑶卿等人都曾在颐和园内的德和园中表演，促成了京剧表演艺术高峰的形成，这里是中国京剧发展与成熟的重要舞台，因此德和园也被誉为“中国京剧艺术的摇篮”。

德和园的前身为怡春堂，始建于乾隆十五年（1750），道光二十四年（1844）毁于宫廷失火。光绪十六年（1890）由慈

◎德和园大戏楼

禧太后命“样式雷”第七代传人雷廷昌负责怡春堂旧址改建工程；同时，在东宫门外新建大戏楼附属建筑升平署的行署，历时四年，耗银一百六十万两。“德和”二字出自春秋末年鲁国史官左丘明所撰的《春秋左氏传》：“君子听之以平其心，心平德和。”这句话的意思是，君子听了美好的音乐就会心平气和，从而达到道德高尚的境界。

据载，慈禧太后到德和园赏戏三百余次，最长的一次听戏竟然有十多个小时。据说，慈禧太后最爱看谭鑫培的戏，晚年看戏几乎是“无谭不欢”。可是，在第一次召谭鑫培入园

◎德和园大戏楼匾额

演戏的时候，她却连谭鑫培的名字都不认得。那天，管事的太监把名册送给慈禧太后过目，她拿过来一看，愣是不认识谭鑫培的“鑫”字，可是不认识也不能当着太监的面露怯呀。于是慈禧太后就指着“鑫”字说：“这个人怎么这么爱财呀，竟要三斤（金）金子。”太监一听忙跪下说：“禀太后，这三个金摞在一块儿，念作‘新’，是金多兴旺的意思。”慈禧太后听了才知道这个字念“新”，但她嘴上还是一个劲儿地说：“要那么多金字干什么？一个金就够了。”打这儿以后，在园子里只要一提到谭鑫培，就得改称“谭金培”。当然，这仅仅是慈禧太后听戏过程中的一个传说而已。作为京剧超级戏迷的慈禧太后精通音律，亲审剧本，还爱即兴修改剧目内容，其欣赏水平更是超乎寻常，有着独特的戏曲品味。

在慈禧太后的影响下，以李莲英为首的太监们为让慈禧太后高兴，自发练习京剧曲目，穿戴上京剧行头，粉墨登场献艺，甚至连光绪帝也学会了打鼓。有一次，在为慈禧太后做寿时，光绪帝还亲自扮演《黄鹤楼》中赵云这一角色，慈禧太后观后甚为感动。

颐和园德和园大戏楼、承德避暑山庄福寿园清音阁、紫禁城宁寿宫畅音阁、圆明园同乐园清音阁合称为清代“皇家的四大戏楼”，其中颐和园的德和园大戏楼是所有戏楼中最大的一座。唐朝诗人杜牧在《阿房宫赋》中这样形容秦始皇修建的阿房宫：“廊腰缦回，檐牙高啄；各抱地势，钩心斗角”，以此来形容德和园大戏楼的建筑形式毫不为过。

德和园大戏楼高 21 米，分上、中、下三层。其中底层舞台宽 17 米，设有专供演鬼怪的演员“钻进钻出”时使用的地井；天花板上还设有七个天井，顶部装有辘轳绞车和升降机关，可以用绳索将演员从天井吊下来，表演神仙从天而降的情景，给人以一种出神入化、变幻无穷的感觉。在舞台底部设有一口井和五个方形的蓄水池，当戏中需要水景时就会引活水上台，如“金龙喷水”“水漫金山寺”等戏曲场面，都会

◎故宫宁寿宫畅音阁

有非常壮观的水景场面出现。水井同时还起到了聚音的作用，以增加演出的共鸣效果，在这里唱戏音效很好。三层大戏台的结构特点是舞台的面积大、层数多，设地下层，有特殊的设备，三层台面上都可饰演大戏。其建筑规模宏大、结构繁复、功能齐全，反映出中国戏台在形式上的飞跃发展和修造水平。德和园戏台是中国封建社会最后修建的一座古戏楼，涵盖着中国古代戏台的修造历史、建筑艺术、演剧活动等内容，在中国戏剧及建筑史中占据特殊的地位。

颐乐殿是慈禧太后看戏的场所，光绪帝、隆裕皇后则坐在殿外廊上陪看；东西两廊是慈禧太后赏赐王公大臣看戏的地方，殿前两翼支搭了幔帐，王公大臣只能从侧面看戏，不能直视君王。

升平署是晚清管理清宫演剧活动的机构，主要职责是安排演出、管理演员、记录演剧事务、保管演剧行头切末等。升

◎颐乐殿内陈设

平署的前身是南府，其本署在社稷坛西南侧，紧邻紫禁城，升平署行署则和德和园隔墙相望。升平署行署为一座四进院落，由南到北依次为步军统领衙门、堂档房、前升平署和后升平署，共有房间二百一十二间，前升平署和后升平署所藏行头、档案、切末众多，为慈禧太后在德和园赏戏提供了保证。

二百多年来，京剧这门艺术迅速发展而且日益完善，并逐渐成为中国的国剧。俗话说得好“宫中不好，民间不要”，京剧来源于民间，从民间传入宫廷，又从宫廷回归到民间，这与清朝末期宫廷特别看中京剧有很大的关系，德和园大戏楼正是这种历史背景下的产物。可以说，京剧经过多年的演变，最后成为一个完美的剧种就是在德和园大戏楼完成的，这里不愧是京剧发展的摇篮。

园居生活

昆明湖畔的玉澜堂
在乾隆时期是乾隆帝和大臣们商议政事的地方。
正殿内东、西有作为皇帝书房的暖阁，
分别存放着《论语集解义疏》和《御制万寿山诗册》。
嘉庆帝对玉澜堂更是青睐有加，
这里成为他办公、用膳、召见大臣之所。

[第 16 站]

变法皇帝的牢笼

道光年间，国家财力日暮途穷，玉澜堂逐渐没落，在此几乎见不到皇帝的身影。咸丰十年（1860），玉澜堂被英法联军烧毁。光绪十二年（1886），玉澜堂依原样复建，成为光绪帝在颐和园的寝宫，整体布局和形式基本保持了清漪园时期的原貌，但由于使用功能的转变，内部装饰做了彻底改变。

如今悬挂在此的这方玉澜堂匾为光绪帝亲笔书写，“玉澜”

◎清《光绪帝朝服像》(局部)

二字是“玉润澜清”的缩语，其出自《梁书·刘遵传》:“其孝友淳深，立身贞固，内含玉润，外表澜清。”这是在刘遵去世后，做太子的萧纲（梁简文帝）对他的评价，大概意思是刘遵孝敬父母，友爱兄弟，待人宽厚诚朴，处世操守持正。他的内在品德就像美玉一样温润而有光泽，行为举止就如同水一样清澈。“玉澜”表达出帝王对正人君子的渴求。

玉澜堂院落是中国传统四合院住宅建筑的杰出代表，主殿玉澜堂正殿坐北朝南为勾连悬山式顶，前后均出抱厦，面阔五间，左右的东、西耳房与正殿相通，东配殿曰霞芬室，西

◎玉澜堂

配殿曰藕香榭，建筑之间由抄手游廊相通连。

玉澜门前的汉白玉月台上陈设着一对从静宜园移来的子母石，这对石头还有着一段传说。据说，久久未能相见的光绪帝与珍妃，在没得到慈禧太后许可的情况下私会于园中的玉澜堂，二人相见，有着说不尽的知心话，真是难分难舍，一直相处到深夜。慈禧太后身边的小太监发现夜深了，玉澜堂里竟还有灯光，就起了疑心，想来看个究竟，却被光绪帝的小太监挡了回去，说圣上夜读，不准干扰。小太监于是报告了慈禧太后，慈禧太后听罢也怀疑有事，便亲自一探究竟。珍妃此时再走，已经来不及。光绪帝吓得浑身哆嗦，珍妃也不知所措，光绪帝的贴身太监王商见情况紧急，忙走到殿东南角穿衣镜后面，用手一拧，穿衣镜的镜框就开了，原来里头竟是个小暗室，正好能容一人。珍妃藏了进去，王商再用手一拧，框又关上了，严丝合缝，不露半点痕迹。这时慈禧太后在众人的簇拥下推

◎玉澜门前的子母石

门而入，光绪帝连忙跪迎。慈禧太后坐定后，发现只有光绪帝秉烛夜读，王商做伴，没有什么可疑之处，就意味深长地说："皇上要保重身体，不要操劳过度……"光绪帝的心此时正七上八下，他只担心珍妃被人发现，对慈禧太后说的什么，一个字也没听进去，只是"好好，是是"。慈禧太后见自己说了那么一大通"关心"的话，光绪帝连一句感谢的话都不回应，十分恼怒。她指着门口左边的那块守门石生气地说："你呀，无情无义，简直是块石头！"她这一嚷，光绪帝吓了一跳，连忙跪下："是，是，孩儿是块石头。"慈禧太后恶狠狠地瞪了他一眼便走了。光绪帝站在门口望着慈禧的背影，对着右边的那块石头喃喃地道："我看你，比这石头的心还要冷呀！"从此，颐和园里的太监、宫女们就叫这两块石头为"子母石"。当然这只是后人杜撰的一段故事，用以表现慈禧太后和光绪帝相处不睦，可导致二人关系僵化的根本原因究竟是什么呢?

光绪二十四年（1898），光绪帝在康有为、梁启超等维新志士的支持下进行了一次大刀阔斧的改革变法运动，因为这场运动发生在“戊戌”年，所以被后人称为“戊戌变法”。这场变法最初是在慈禧太后的高度首肯下才真正开始的，她认同光绪帝变法，但不允许伤筋动骨的政治改革，担心自己的大权旁落。变法初期，京城衙门裁撤大量冗余人员，尤其是礼部六大高官被裁减，引发官场震动，京城官场怨声载道，可谓官不聊生。“诸守旧大臣，人人自危”，这其实已经完全超出了慈禧太后的预期，可她依旧没有表态，静观事态发展，随着变法的推进，具有多年政治经验的她敏锐地意识到，这帮激进人士再这样变革下去，定会违背祖宗大法触动皇族势力的利益，加之康、梁等人密谋“围园杀后”欲置之于死地的企图，慈禧太后最终忍无可忍，连夜从颐和园返回紫禁城，发动政变，绝地反击，尽废新法，大肆捕杀维新党。戊戌变法就此彻底失败。

此后，玉澜堂院落东、西、北三面的通道均被砖墙封堵，这里成为光绪帝在颐和园中被幽禁之地。在这个院落中经常回荡着光绪帝击打京剧小鼓的声音。玉澜堂便是戊戌变法的实物见证之一。

玉澜堂正殿“渚香细裛莲须雨，晓色轻团竹岭烟”这副对联，也许隐含着这位改革皇帝对甲午战败后的沉思，更体现出他准备彻底改变旧制的决心。戊戌变法是光绪帝短暂一生中的高光时刻，是中国历史上进步的表现。作为一位革新的皇帝，光绪帝在变法中的作用是不能抹杀的，但他手中没有兵权，加之操之过急和用人不当，不可避免地成为顽固势力

◎冬天的玉澜堂

的重点打击目标。慈禧太后仅将其囚禁在玉澜堂和瀛台，已是格外开恩了。

玉澜堂后是游赏娱乐的庭院，
院中满布假山，以“狮子林”作为主景。
院西的夕佳楼与昆明湖相邻，
夕阳西下登楼眺望西山晚霞，
很有“山气日夕佳”的意境。

[第 17 站]

山气日夕佳

夕佳楼是位于昆明湖东北岸的一座两层小楼，“夕佳”二字取自陶渊明的诗《饮酒》：“结庐在人境，而无车马喧。问君何能尔？心远地自偏。采菊东篱下，悠然见南山。山气日夕佳，飞鸟相与还。此中有真意，欲辨已忘言。”以诗句命名的夕佳楼耐人寻味，从古至今，有很多人喜欢陶渊明固守寒庐、寄意田园、超凡脱俗的人生哲学，以及他淡泊邈远、恬

©夕佳楼

静自然的艺术风格，乾隆帝也不例外。“山气横窗水气浮，揣称名署夕佳楼。漫云津逮陶彭泽，还觉当前胜一筹。”这是一首乾隆帝咏夕佳楼的诗，他自信这里的风景远胜于陶渊明诗的意境。的确，若坐于夕佳楼上，透窗西望，看夕阳缓缓沉落，灿灿余晖映照着金碧辉煌的殿宇，啾啾鸣鸟匆匆掠过，寻找着夜宿的家园；昆明湖水气弥漫，如云如雾辉映着夕阳的嫣然，西山连绵如带，“无限青山散不收，云奔浪卷入帘钩”，佳时美景扑窗而入。俯身凭栏，荷花竞放，清香暗送，水中的鱼儿、浮水的雏鸭在亭亭玉立的荷伞下游弋，如此美妙的景色怎不令人陶醉？遗憾的是，乾隆帝一次也没有见到过如此美景。

庭院中峰峦叠起的假山石，洞壑相通，增加了院落的游赏气氛。园林中假山叠石的手法起源于中国秦汉时期，通过几百年的造园实践，假山叠石的形式从“筑土为山”演变为“叠石造山”。到了唐宋时期，园林中建造假山之风开始大为盛行。在中国现存的园林中，或多或少都可以见到运用各种石材堆叠而成的假山；它们或雄伟，或玲珑，或奇险，或平缓；其中，有的气势磅礴令人回肠荡气，有的灵巧秀丽让人浮想万千。总之，假山叠石在中国园林中，是不可缺少的组成部分；在中国园林的发展史上，也起到了不可或缺的作用。

中国人因对大自然的敬畏和顿悟，使得孔子“知者乐水，仁者乐山”的思想流传千古。中国人为何要在园林中叠造假山呢？是简单的对自然景观的模仿吗？显然不会仅如此。对景生情、观物取象、立象尽意，这些才是中国人在园林当中叠造假山的真实用意，也正是通过造山这种手段在园林中的传神表现，从而真正达到物我交融、天人合一的最高境界。

历来，中国人把假山作为山水园林的骨架，它的好坏关

◎东侧假山

◎西侧假山

夕佳楼
琅玕畫靜竹平安
©雪中夕佳

系重大，所以中国人在“造山”领域很有研究。在中国现存的园林中保留着许多的假山杰作，玉澜堂后庭院里的假山石便是其中杰出的代表。这里，园主人可以足不出户在自己有限的居住环境里领略大自然的无限风光，同样也能获得“我疑身在万山中”的快感。通过假山之峰、峦、崖、岩等形状以及造园者出神入化、巧夺天工的技艺也同样能感悟到眼前物象以外的人生哲理。

清朝宫廷工程中的叠石多由叠山世家“山子张”所作，以“理石之精微”“堆土之奥妙”，造成岩、峦、洞、穴、涧、壑、坡、矶，“宜台宜榭”“成径成蹊”的效果。从选石到堆叠可做到虽由人作，宛自天开。颐和园内现存叠石多处，大部分为清漪园时期遗留，手法与江南名园有着师承关系，是当代研究造园艺术的重要实物。

宜芸馆建于乾隆十九年（1754），
由宜芸门、宜芸馆、近西轩、道存斋及游廊组成，
是乾隆帝藏书、读书之所。
“芸”指的就是芸草，
这种草有防虫的功能，
所以古人经常拿这种草当书签，
可以避免书里生虫子，
而此建筑的命名与它的实际功能也非常贴切。

[第18站]

宜芸馆的往事

“绕砌苔痕初染碧，隔帘花气静闻香。”这副挂在宜芸馆楹柱的楹联，上联描绘了宜芸馆环境的清幽与宁静，没有世俗的干扰；下联暗指此处藏书丰富、内容广博。全联紧扣“宜芸”这个主题，含幽蕴雅，情意深远。

垂花门形式的宜芸门是宜芸馆建筑群的入口，一殿一卷式屋顶的垂柱连枋上悬挂满汉文“宜芸门”额。正殿宜芸馆

◎宜芸馆

为勾连搭式屋顶，坐北朝南，面阔五间，殿内宽敞，陈设考究，布局典雅富丽。东配殿道存斋与西配殿近西轩形制基本相同，均面阔五间，建筑面积各 154 平方米，高 3.47 米，进深 4.55 米。院落各建筑间由抄手游廊连接通达。

光绪年间，这座建筑成为光绪帝的皇后隆裕居住的地方，同时这里也间接见证了清王朝的结束。在《清史槁》中，是这样记载隆裕太后的："德宗孝定景皇后，叶赫那拉氏，都统桂祥女，孝钦显皇后（慈禧太后）侄女也。光绪十四年（1888）十月，孝钦显皇后为德宗聘焉。十五年正月，立为皇后。二十七年，从幸西安。二十八年，还京师。三十四年，宣统帝即位。称'兼祧母后'，尊为皇太后。上徽号曰'隆裕'。宣统三年（1911）十二月戊午，以太后命逊位。越二年正月甲戌，崩，

◎宜芸馆院落

年四十六。上谥曰：孝定隆裕宽惠慎哲协天保圣景皇后，与光绪帝合葬崇陵。”

隆裕皇后是慈禧太后弟弟桂祥的女儿，凭借此她成为光绪帝的结发妻子，但终身没有得到过光绪帝的丝毫宠爱，光绪帝驾崩后她成为大清国最后的太后。1912 年 2 月 12 日，也就是中国传统历法的辛亥年腊月廿五，刚刚六岁的宣统帝奉垂帘听政的隆裕太后懿旨下诏《清帝逊位诏书》，从而结束了中国两千余年的封建统治制度，缓和了中国社会南北分裂的政治僵局，实现了“中华民国”形式上的统一。起草这份退位诏书的正是光绪二十年（1894）的恩科状元张謇，这位开创了百年实业传统的清末状元不仅具备经世致用的头脑而且极具文采。一纸诏书，委婉而生动地道出大清朝的“有疾而终”的缘由。

◎道存斋

◎近西轩

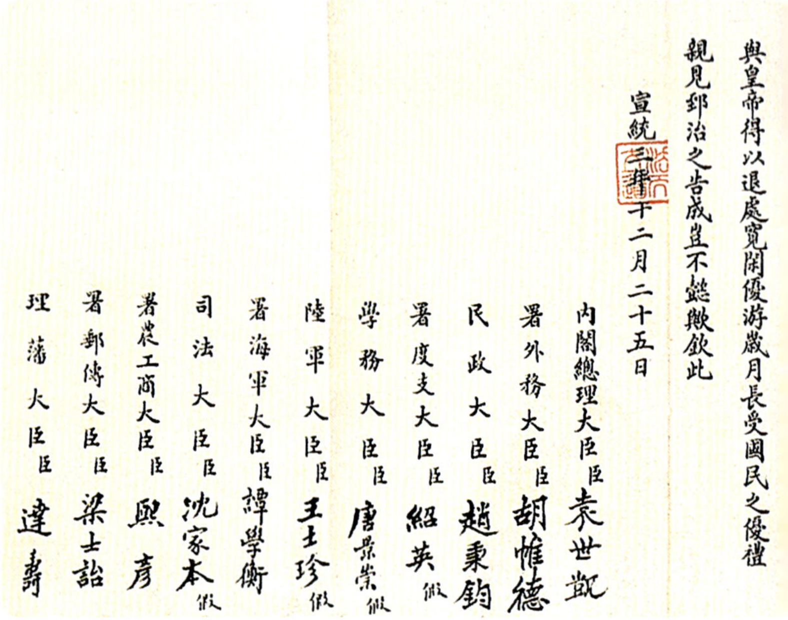
與皇帝得以退處寬閒優游歲月長受國民之優禮
親見郅治之告成豈不懿歟欽此
宣統三年十二月二十五日
內閣總理大臣臣袁世凱
署外務大臣臣胡惟德
民政大臣臣趙秉鈞
署度支大臣臣紹英 假
學務大臣臣唐景崇 假
陸軍大臣臣王士珍 假
署海軍大臣臣譚學衡
司法大臣臣沈家本 假
署農工商大臣臣熙彥
署郵傳大臣臣梁士詒
理藩大臣臣達壽

◎清帝逊位诏书

奉旨朕钦奉隆裕皇太后懿旨：

前因民军起事，各省响应，九夏沸腾，生灵涂炭，特命袁世凯遣员与民军代表讨论大局，议开国会，公决政体。两月以来，尚无确当办法，南北睽隔，彼此相持，商辍于途，士露于野，徒以国体一日不决，故民生一日不安。今全国人民心理，多倾向共和，南中各省既倡议于前，北方各将亦主张于后，人心所向，天命可知，予亦何忍因以一姓之尊荣，拂兆民之好恶？是用外观大势，内审舆情，特率皇帝，将统治权公诸全国，定为共和立宪国体，近慰海内厌乱望治之心，远协古圣天下为公之义。袁世凯前经资政院选举为总理大臣，当兹新旧代谢之际，宜有南北统一之方，即由袁世凯以全权组织临时共和政府，与民军协商统一办法，总期人民安堵，海宇乂安，仍合满、汉、蒙、回、藏五族完全领土，为一大

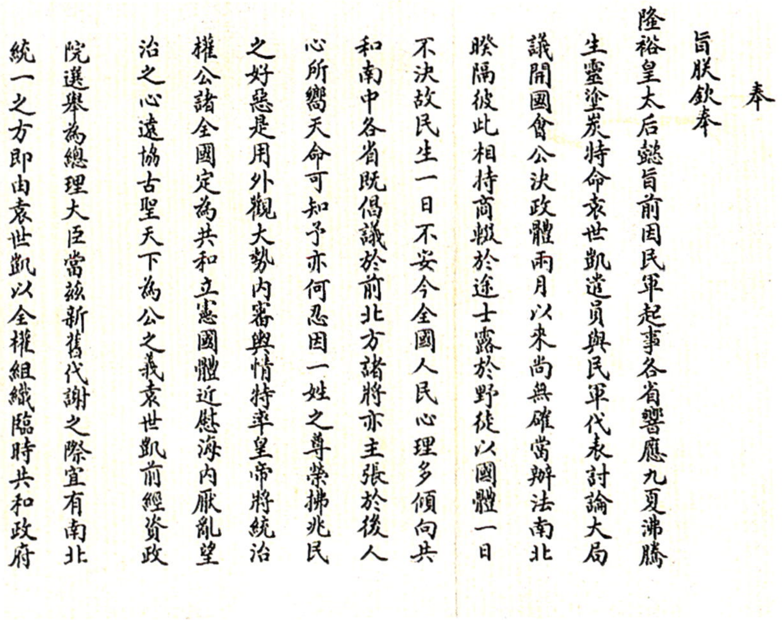

奉
旨朕欽奉
隆裕皇太后懿旨前因民軍起事各省響應九夏沸騰生靈塗炭特命袁世凱遣員與民軍代表討論大局議開國會公決政體兩月以來尚無確當辦法南北睽隔彼此相持商輟於途士露於野徒以國體一日不決故民生一日不安今全國人民心理多傾向共和南中各省既倡議於前北方諸將亦主張於後人心所嚮天命可知予亦何忍因一姓之尊榮拂兆民之好惡是用外觀大勢內審輿情特率皇帝將統治權公諸全國定為共和立憲國體近慰海內厭亂望治之心遠協古聖天下為公之義袁世凱前經資政院選舉為總理大臣當茲新舊代謝之際宜有南北統一之方即由袁世凱以全權組織臨時共和政府

中华民国，予与皇帝得以退处宽闲，优游岁月，长受国民之优礼，亲见郅治之告成，岂不懿欤？钦此。

这份逊位诏书在中国历史上意义极其重大，它标志着清朝皇权统治的结束，更标志着中国从封建社会走向了一个全新的时代。

政治学家高全喜在《立宪时刻》一书中把《清帝逊位诏书》的颁布称为“中国版光荣革命”。1688 年，英国资产阶级和新贵族以一场没有流血冲突的“光荣革命”推翻了詹姆士二世的统治。作为大清王朝事实上的最高统治者和终极责任人——隆裕太后则是“中国版光荣革命”的终极决定者，而签署这份诏书的人在颐和园的居住地点就是宜芸馆。

在宜芸门内侧廊壁上嵌有十块
乾隆帝摹写历代书法名家法帖的石刻，
更增强了宜芸馆的书卷气息。

[第 19 站]

刻石与书法

宜芸馆共有十方刻石，以垂花门为界，东、西各五块。石面内容为乾隆帝临写书法家王羲之、颜真卿、米芾、俞和、赵孟頫、董其昌的书法作品。皆为阴刻，行草书体。十方刻石原藏于惠山园内，后移至此。行草是介于行书、草书之间的一种书体，弥补了楷书的刻板和草书的难于辨认。

中国古代书法艺术之所以流传至今，其载体一是靠保留

◎宜芸馆刻石

的真迹，另一个就是临摹刻石。宜芸馆中的这十方刻石为乾隆十一年至乾隆十三年（1746—1748）乾隆帝亲自临摹，内容与原作诗文有不同之处，系御笔临摹刻石。王羲之、颜真卿、米芾、俞和、赵孟頫、董其昌又是何许人也？王羲之，东晋最杰出的书法家，字逸少，琅琊（今山东临沂）人，官至右军将军，人称“王右军”。他七岁开始学书，先后师从出身书法世家的卫夫人和叔父王廙，之后又博览了秦汉篆隶大师淳古朴茂的精品，精研体势，心摹手追，广采众长，冶于一炉，创造出“天质自然，丰神盖代”的行书，被后人誉为“书圣”。唐代颜真卿的书法以楷书为多而兼有行草，用楷书所写之碑端正劲美，气势雄厚。北宋米芾擅篆、隶、楷、行、草等书体，长于临摹古人书法，其临摹之作可以达到乱真的程度。俞和是元末钱塘（今杭州）人，一生致力于书法，精通各种书体，书法风格秀雅而挺劲。其突出的成就，不在行书，而在章草和篆隶。与俞和同时代的赵孟頫书法圆转遒丽，世称“赵体”，相传他能日作楷书万字，“下笔神速如风雨”。明代董其昌的书法吸收了古人书法的精华，但不在笔迹上刻意模仿，其书法作品兼有“颜骨赵姿”之美。乾隆帝这十方刻石中的字形体清秀，筋骨刚强，略带圆润、飘逸、挺拔之感，体现出他雍容娴雅、运笔敦厚的书法技艺。乾隆帝的书法表现出他的自信，隐含着大气和从容。

“棘树寒云色，茵蔯春藕香。脆添生菜美，阴益食单凉。野鹤清晨出，山精白日藏。石林蟠水府，百里独苍苍。”为乾隆帝御临赵孟頫帖，这首五言诗是唐代杜甫所作《陪郑广文游何将军山林》十首诗作中的第七首。小枣树下一片灰蒙蒙的寒云色，茵蔯与春藕共香。生菜又脆又美味，坐在树下的布单上吃生菜，颇感阴凉。野鹤清晨即出，山中的精灵在白天都躲藏了起来。石林邻近蟠龙水晶宫，方圆百里，茫茫苍苍。此诗描写出何将军山林的物产及幽静的场景，内容深刻，为“诗史”的代表之一。

书法作为一门传统艺术，传承是它显著的特征，它要求笔墨有出处、结字有法度，不可随意而为。乾隆帝的楷书中多有行书的笔意，行书中夹杂着草书的韵味，点画圆润均匀、结体婉转流畅，集中国书法艺术于一体。在乾隆帝的影响下，行书的线条变得厚重，结体变得开阔，风格变得稚拙。乾隆帝的书法价值不单单止于书法本身，更是一种文化传承的体现；书法有效地辅助了他的政治活动，成为他贯彻意图的有效工具。他也由此笼络了汉族士人，最大程度上赢得了广大汉族人民对满族统治的认可，体现了汉族文化与满族文化的结合与交流。

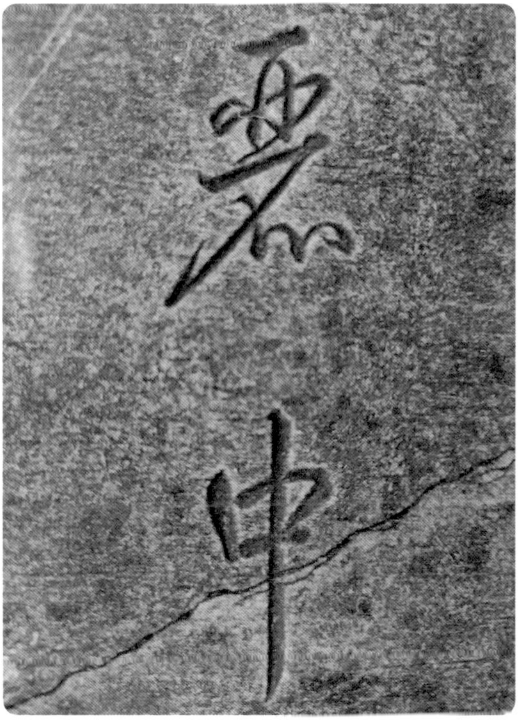

◎刻石细节

乐寿堂的东跨院永寿斋是慈禧太后的宠信太监李莲英的住所，
始建于光绪十七年（1891），
俗称“总管院”。

[第20站]

永寿斋究竟是谁的居所？

永寿斋为一独立院落，由正殿、前殿、东配殿、耳房及跨院组成，东墙有后门可直通万寿山，西墙有垂花门与乐寿堂相通，南面八角屏门可自由出入。永寿斋的采光是优于玉澜堂和宜芸馆的，但它并不是标准的四合院，毕竟这是在皇家园林之中。

太监居然能在皇家御园中有一所固定的住所，可见其得

◎永寿斋院落

宠程度之高。清朝时期朝廷有严格的规定，太监最高只能被授予四品官位，可是慈禧太后却破格提拔李莲英，让他成为二品官，从这一点上也可以看出，慈禧太后在当时的清王朝已经成为说一不二拥有实权的人物。“永寿”就是永远长寿的意思，此间也许暗示了李莲英希望慈禧太后永远统治清王朝的愿望。关于李莲英的传说很多，有人说他原是河间府一带的无赖，因私贩硝磺入狱，出狱后改行修皮鞋，被称为“皮硝李”。来到北京后，托同乡太监沈兰玉介绍进宫当了慈禧太后的梳头太监，由于他掌握了一套梳理新发型的手艺，再加上能说会道，故而受到慈禧太后宠爱，从此飞黄腾达。

太监原指宦官中的高级官员。关于太监的起源，中国早在殷商就有，当时叫“寺人”。据专家考证，甲骨文中已有明

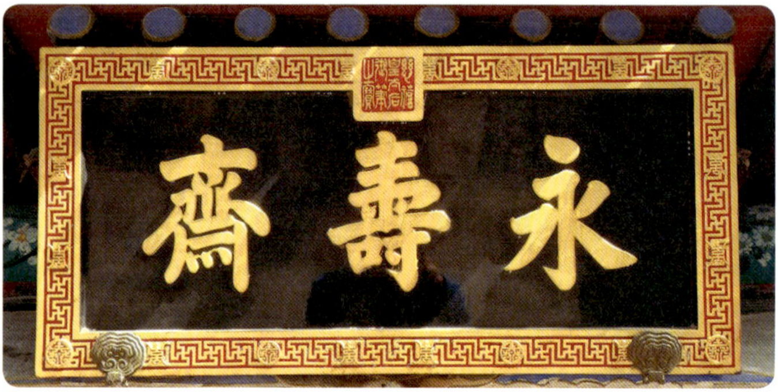

◎“永寿斋”匾

确的相关记载。宦官制度起源于先秦时期，《诗经》《周礼》《礼记》中皆有关于宦官的记载。周王朝及各诸侯国大都设置有宦官。秦汉以后，宦官制度更加详备，宦官作为一种特殊的政治势力，对中国许多朝代政局产生了重大影响。清代规定：宦官归内务府管辖，具体由敬事房管理。敬事房亦称宫殿监办处，设总管、副总管等职。康熙时期总管宦官为五品，雍正时期改为四品，光绪时期再改为二品。

有人说清朝的半壁江山都毁在李莲英一人的手里，但平心而论，李莲英只不过是慈禧太后跟前的忠奴而已。李莲英虽然成为慈禧太后面前的大红人，可他遇事依旧谨小慎微，和权臣接触从不多说半句话，对于地位一般的妃嫔宫娥、女官命妇，即便她们有了舛错，惹慈禧太后不高兴，李莲英也总是尽量替人美言遮盖，曲意回护。所以在慈禧太后左右，人人对他都有好感，说李莲英是个干练敏实、溢美隐恶的好人。

其实，颐和园还有一处景点也叫永寿斋，它位于万寿山东麓的乐农轩北侧。这座仿民间建筑硬山式顶、青石板瓦，建

◎永寿斋券门

筑风格兀皇家园林富丽堂皇的气派。据说这是李莲英在颐和园的另一处住所。

横卧在颐和园乐寿堂前海浪波纹石座上的青芝岫，
长 8 米，宽 2 米，高 4 米，重约 20 吨。
石身上宽下窄，形似灵芝，玲珑通透，
周身千孔万溪，漏皱且瘦。
石上刻有乾隆帝御题“青芝岫”字
及乾隆十六年（1751）作青芝岫七言古诗和
“玉英”“莲秀”四字，
并刻有汪由敦、蒋溥、钱陈群等大臣的题字。

[第 21 站]

青芝岫还是败家石？

据传，颐和园乐寿堂前的这块巨石最初是由米万钟发现，随后被乾隆帝运至清漪园乐寿堂庭院之中。

米万钟是明朝著名的诗人和书画家，先祖据说就是北宋的书画家米芾，米万钟的书法既继承了先祖的神韵，又形成了自己独特的风格，其成就与同时代的书法家董其昌齐名，有“南董北米”之誉。米万钟不仅书画了得，更以收集奇石闻名，

◎青芝岫（正面）

◎青芝岫（背面）

青芝岫只不过是他众多异石中的一块，这块巨石的经历颇为奇特，称得上经历沧桑。在他的《石出山记》中记载：“房山有石，长三丈，广七尺，色青而润，欲致之勺园，仅达良乡，

◎乾隆帝御题“青芝岫”

工力竭而止。”葛一龙在《观米仲诏勺园所移奇石歌》中说：“云是米家凿山出，百步千人移数日”。乾隆帝在《青云片歌》中有云：“万钟大石青芝岫，欲置勺园力未就。已达广阳却弗前，土墙缭之葭屋覆”。米万钟在房山发现了这块奇石，决心把它运回海淀勺园，由于此石体形巨大，花费甚多，米万钟几乎耗尽家财，再无余力将此石运回勺园。《明史·列传》中记载：“米万钟，字友石。万历二十三年（1595）进士。历官江西按察使。天启五年，魏忠贤党倪文焕劾之，遂消籍。”米万钟为官清正，他藐视当时的权贵，所以被罢官是必然。被革职后的米万钟入不敷出，财力枯竭，勺园的奇石梦结束了。但米万钟并不死心，他为大石缮起一间草房，严实地保护起来，又雇人看守，既抗风化又防丢失，以待来日再运，可米万钟却再也没有东山再起，此石也因此被世人称为“败家石”。

“色青而润”的奇石在良乡沉睡了一百多年后，被前往西陵祭祖的乾隆帝发现了。他见这块巨石突兀雄伟，姿态不凡，顿生喜爱之心。他也赞叹米万钟眼力超群，便降旨将巨石运回刚建好的清漪园乐寿堂前。当时乐寿堂的正门“水木自亲”已经建好，但门只有一米多宽，奇石身大体重，难以进院。乾隆帝下令拆墙破门，硬是把这块石头安放在现在的地方，并将此石命名“青芝岫”。在它的左右又分别安放了两块形状别致的太湖石，以烘托气氛。据说，乾隆帝的母亲孝圣宪皇太后为此事还发了一顿牢骚:“既败米家，又破我门，其石不祥。”

历经多年的风吹日晒，如今“青芝岫”三字的“青”字已经脱落，人们只能在此石的南侧看到“芝岫”二字，但东侧的“莲秀”、西侧的“玉英”依然清楚可见。需要补充说明的是，米万钟在发现和搬运“青芝岫”时，还发现一块稍小的巨石，重约二十吨，玲珑剔透，由于相同原因也被搁置在良乡。乾隆帝在搬运“青芝岫”的同时,把它安置在圆明园“别有洞天”时赏斋前,御题“青云片”,从此“青芝岫”称为“大青”,“青云片”称为“小青”。1927年，“青云片”被移置到现在的中山公园来今雨轩前。

曹雪芹在创作《红楼梦》之前，亲眼在良乡看到过米万钟这块弃石，也许这就是激发创作这部名著的初始灵感。

中国园林中的置石有“时来运转”之意，米万钟和乾隆帝作为园林大家也深明此意，但米万钟不知变通，断送了自己为民造福的理想。乾隆帝身处盛世，忘记了居安思危，使国家落后于世界的整体发展。“青芝岫”作为颐和园中的点景时刻提醒我们，个人和国家无论做任何事情都要顺时而动，知行合一，这样才能时来运转，取得成功。“时”与“石”同音，又有与时消息、与时偕行、与时俱进之含义。

歇山式屋顶的水木自亲殿是南北朝向的穿堂殿，
前临昆明湖码头，后为乐寿堂正殿，
面阔五间，前后有廊。
慈禧太后在倚虹堂乘舟经长河至绣漪桥入园，
再沿昆明湖向北直至码头。
水木自亲殿其实就是慈禧太后从水路出入颐和园的宫门。

[第 22 站]

水木自亲的功能

水木自亲殿前的石造雕栏码头上有一架高大的灯杆，被称为“龙灯杆”，因邻水而建，被人们俗称为“探海灯杆”。“龙灯杆”建于光绪十八年（1892），木质材料，上绘金色升云龙，两杆顶横安半圆形透雕龙纹镀金铜梁，两个龙吻承着一颗红色铜珠，铜珠下原有夹杆石，夹杆石上还有用于悬挂大汽灯的滑车。慈禧太后驻园后，每当夜幕降临，滑车上就会用黄

◎探海灯杆

绒绳悬垂着一架特大汽灯，照亮了附近昆明湖的水面，依稀可见玉澜堂至排云殿区域的建筑轮廓。

“龙灯杆”叫灯杆，但实际上并不是用于照明的。那它究竟是做什么的呢？原来这高高悬挂的大汽灯，是慈禧太后在园内的一种信号，如果亮着，就示意慈禧太后还没有入睡，园里的其他人务必小心谨慎。

◎水木自亲

水木自亲殿宫门东、西两侧各有一条长长的白粉墙，墙上装饰着形状各异的玻璃花窗，不仅如此，在殿外临湖驳岸上也都安装了雕刻精制的汉白玉石栏。白粉墙、石栏弄影于碧波之上，再与万寿山隐约的山影交相辉映，使皇家宫廷色

◎水木自亲码头

彩中透出江南的水乡气息。白粉墙上别致的花窗使乐寿堂封闭的院落和院外的景物相互映照，在缓缓步行中透过不同形状的窗框欣赏湖面上的风景，恰如观看一幅幅优美的风景画。

“水木自亲”是什么意思呢？大家普遍认为，这四个字表

◎“水木自亲”匾

现了颐和园昆明湖边树木和湖水相互映衬、相得益彰的田园意境。树木因为依傍湖水而更加滋润挺拔，湖水也因为树木的相依相伴而更显美丽妖娆。春日里站在水木自亲殿宫门码头前，看着昆明湖湖水的涟漪，远望西堤的红桃绿柳，落英缤纷，让人不由体味到水木之间的和谐亲密。

“水木自亲”这四个字其实出典于唐代诗人储光羲《终南幽居献苏侍郎三首时拜太祝未上》组诗。该组诗一共三首，“水木自亲”出自其中的第二首。现在依照《全唐诗》卷一百三十六将原诗抄录如下：“中岁尚微道，始知将谷神。抗策还南山，水木自相亲。深林开一道，青嶂成四邻。平明去采薇，日入行刈薪。云归万壑暗，雪罢千崖春。始看玄鸟来，已见瑶华新。寄言搴芳者，无乃后时人。”

◎水木自亲雪景

这首诗描写了作者在终南山隐居修道时的所见所感以及渴望得到苏侍郎赏识举荐的心理状态。该诗描述生动，其中不乏佳句，尤其是“深林开一道，青嶂成四邻”以及“云归万壑暗，雪罢千崖春”更是让人击节赞赏。通过储光羲的这首诗，人们真正理解了“水木自相亲”的内在含义。水木自相亲，表现的不是水和木之间的和谐相衬、相映成趣，而是人对自然界中以水和树为代表的田园风光发自内心的热爱，这可能就是慈禧太后命名这座殿宇大门的初衷所在。

乐寿堂前对称陈设着光绪年间铸造的
铜鹿、铜鹤、铜瓶、铜缸四对宫廷铜器，
其中铜鹿、铜鹤、铜瓶取鹿、鹤、瓶的谐音，
寓意“六合太平”。

[第23站]

六合太平

“六合”指天地四方，泛指天下；“六合太平”，顾名思义，就是天下太平无事的意思，它表达出慈禧太后对大清国战乱频仍现状的无奈及对美好和平生活的向往。其实，“六合”还是中国的一种独特哲学概念，“六合”思想的核心就是天下规律。知六合者必知天下，这才是帝王长久统治的根本所在，也是慈禧太后的一生所求。

◎六合太平

铜鹿、铜鹤、铜瓶也各自有其含义。

铜鹿安放在长方形束腰露陈墩上，整体作奔走回首状，口衔绳索，全身散布线刻梅花，背有盖，左前足抬起，其他三足踏在水波纹托起的铜山座之上。鹿与中国古代人生活关系密切，在日常生活甚至社会政治活动中占有非常重要的地位。相传，鹿是轩辕黄帝的坐骑，以绳子为武器四处征战，保卫天下太平。《春秋运斗枢》称:“瑶光散为鹿。”瑶光,即祥瑞之光,意为鹿是瑶光散开而生成，它是祥瑞之兆。当然，这种瑞兽不是指一般的鹿，而是白鹿。晋代葛洪《抱朴子》称 :“鹿寿千岁，满五百岁则白”，意思是说鹿能活千年以上，从满五百岁开始，身上的颜色就变白了，成为白鹿。白鹿，人们称之为“仙鹿”或“天禄”,视之为瑞兽。古人认为:“鹿为纯善禄兽。

◎乐寿堂前的铜鹿

王者孝则白鹿见；王者明，惠及下，亦见”，君王仁孝圣明时，白鹿就会现世，它的出现被视为天下太平的标志，在这一点上，古代瑞兽中唯有凤凰和麒麟可与白鹿相媲美。在中国传统文化中，鹿是爱情的象征，是德音的代表，更是权力的表现。铜鹿口中衔绳还暗含“结草衔环”的报恩之意。“结草”的典故出自《左传·宣公十五年》。晋国的魏武子在生病时，曾嘱咐他的儿子魏颗在他死后，把一个没有生过儿子的妾嫁出去。后来，魏武子病重了，又告诉魏颗，在自己死后让他这个妾陪葬。武子死后，魏颗觉得父亲病危时的语言可能是神志不清时的胡言乱语，便依照他以前的吩咐把武子的爱妾嫁了出去。后来，魏颗领兵和秦国打仗，看见战场上有个老人把遍地的草都打成结子缠住秦军的战骑，使秦军兵将纷纷坠马，魏颗因此获胜并俘虏了秦将杜回。当夜，魏颗做了个梦，梦见在

◎乐寿堂前的铜鹤

战场上结草的老人自称是那位再出嫁的妾的父亲，以此来报答魏颗不把自己女儿拿来陪葬之恩。“衔环”出自范晔《后汉书·杨震传》中的注引《续齐谐记》。杨震的父亲杨宝九岁时，在华阴山北见一黄雀被老鹰所伤，坠落在树下，为蝼蚁所困。杨宝见这只黄雀非常可怜，就索性将它带回家，放在巾箱中，只给它喂饲黄花，百日之后，黄雀羽毛丰满就飞走了。当夜，有一黄衣童子向杨宝拜谢，说他是西王母的使者，对杨宝的仁爱救助，感激不尽，赠予了可保佑杨宝的子孙位列三公、为政清廉的白环四枚。后来，果如黄衣童子所言，杨宝的儿子杨震、孙子杨秉、曾孙杨赐、玄孙杨彪，四代官职都做至太尉，而且都刚正不阿。后世将“结草”与“衔环”两个不同的典故结合在一起，流传至今。乐寿堂门前的这对儿铜鹿正是中国传统鹿文化在皇家园林中的一种别样体现。

◎乐寿堂前的铜瓶

铜鹤置于饰莲瓣图案正方形石束腰须弥座上，全身分两部分，从腿部衔接，整体作长鸣状停立，踏落在山形铜座上。中国传统的鹤文化在几千年的发展中逐渐形成了独特的象征意义，一是将鹤视为瑞禽和仙禽；二是将鹤视为长寿和神仙的象征；三是将鹤看作义鸟；四是将鹤比作君子的化身。《诗经》中的《小雅·鹤鸣》有园林与鹤完美结合的描述：诗人乐在园林美景中，见仙鹤翱翔于九皋，声闻于四野，鱼儿或潜伏于深渊，或藏于小岛，檀树婆娑，落叶缤纷……乐寿堂门前的这对儿铜鹤正是鹤文化在皇家园林中的实物展现，更是鹤与园林相关联的实例。

铜瓶安搁在圆形束腰石座上，瓶膛凸出，瓶身上铸刻枝叶茂盛的松树，树的上下环绕着姿态各异的仙鹤。松树傲霜斗雪，仙鹤高情远志，两个仙物结合在一起，表达出高洁长

◎铜瓶纹饰

寿的意境。在中国的传统文化中，摆放瓶子有祈求平安的寓意，乐寿堂门前的这对儿铜瓶再加上别出心裁的松鹤延年纹饰，更体现出这座皇家园林的主题核心“寿”，与建园的最初目的相吻合。

颐和园中铜鹿、铜鹤、铜瓶的组合含义为六合太平，与圆明园中九州清晏、万方安和等建筑景观的名称所要表达的寓意完全一致，这是皇家园林中所特有的一种命名景观的方式，用于彰显皇家的风范。

玉堂富贵中的玉堂原指汉代皇宫的玉堂院，
后引申为翰林院。

[第24站]

玉堂富贵

在古代，学子只有进了翰林院才有资格入相，步步高升从而成为富裕显贵之人。这是古代的一种追求美好生活的价值观，出将入相自然而然就可出人头地、飞黄腾达。中国传统的花木文化中也同样有玉堂富贵的象征，玉兰花单指“玉”，海棠花单指“堂”，牡丹花单指“富贵”，三种花木放在一起便代表着“玉堂富贵”。

◎乐寿堂前的玉兰

乐寿堂庭园中对称的两座花台上原植有牡丹，再加上院中的玉兰、海棠，寓意着“玉堂富贵”。院落中的植物配置是非常有特色的，它不仅充分体现了皇家园林庭院种植的特点，而且与中国传统文化密切相连，具有丰富的文化内涵。追求一年中花木扶疏、清香四溢的效果，并着重突出了植物本身的寓意。乐寿堂中的玉兰久负盛名，当年颇具园林艺术修养的乾隆帝试着把这种难耐北方寒冷的植物移植到这座皇家园林之中，没想到竟然成功了。玉兰花开时色白如玉、花香似兰。清漪园成林栽种玉兰，花开时节玉兰花同时开放的景观得以形成，园林“玉香海”的美誉在京城不胫而走，只可惜乾隆时代的玉兰多毁于咸丰十年(1860)和光绪二十六年(1900)的两次大劫难，只有两棵幸免于难。其中的一棵紫玉兰栽植在乐寿堂后院，现已被定为北京一级古树名木，另一棵白玉兰在长廊的入口处。

乐寿堂的环境非常适合玉兰树的生长，北来的寒风有万寿山的遮挡，南面有充足的阳光照射，昆明湖散发的湿润空

◎雪中玉兰树

◎玉兰待开

气滋润着玉兰树。每年的三月下旬至四月中旬，当北京其他地方的玉兰日渐凋零的时候，这里的玉兰依旧满树玲珑、花香四溢，因此慕名前来观赏玉兰花的游客络绎不绝。玉兰花的寓意是知恩图报、忠贞不渝，象征着纯洁的爱、高洁的情操和真挚的友情。

据说，慈禧太后的乳名就叫作玉兰，这可能就是她在长久居住的乐寿堂前种植玉兰花的根本原因所在吧！玉兰花和牡丹花已经为大家所熟知，海棠花又为何物呢？海棠花其实也是中国特有的传统名花之一，对于严寒具有很强的适应力，它以花姿潇洒、花开似锦而闻名，是雅俗共赏的名花，素有“国艳”的称谓。历代文人骚客对它题咏不绝，一代大文豪苏东坡也为之倾倒，吟咏出著名的绝句：“东风袅袅泛崇光，香雾空蒙月转廊。只恐夜深花睡去，故烧高烛照红妆。”

园林中的花木选择秉承着写仿自然、比德尚雅、富贵吉祥的原则。花木是园林的发肤，其品类丰富、形态内涵深厚。园林花木是营构自然美、串联山水之间质朴气息不可或缺的载体，在园林这一“人化”的自然中，园林花木营造了“生境”，美化了“画境”，优化了“意境”。乐寿堂前的玉堂富贵组合就是中国花木文化在园林中的具体体现之一。

乐寿堂始建于乾隆十五年（1750），
原建筑为两层，
建筑形式与紫禁城内宁寿宫中的乐寿堂、长春园中的淳化轩相同，
意大利人郎世宁曾按照乾隆帝的
旨意为这里的游廊起草设计稿。
咸丰十年（1860），乐寿堂被英法联军烧毁。
光绪十二年（1886），
重建后的乐寿堂因地制宜变成了
平面呈“十”字形的一层建筑。

[第25站]

老佛爷的安乐窝

如今的乐寿堂是一组前后两进、左右各带跨院的四合院式建筑群，水木自亲殿为其正门。所谓四合院，是由东、西、南、北四面房子围合起来形成的内院式住宅，老北京人称之为四合房。中国的四合院式建筑有着非常悠久的历史，迄今发现的最早的四合院是位于陕西省岐山县凤雏的西周建筑遗址，由此可知，四合院在中国已经有两千多年的历史了。元代以

◎乐寿堂院落

后，这种建筑形式有了进一步的发展，被运用到了皇家建筑中。乐寿堂就是其中一个最好的实例。从建筑外观上看，它虽没有大家想象中的那样金碧辉煌，但中国古建筑的木构架利于采光、通风，夏天满院支搭凉棚、冬天殿内烧地炕，冬暖夏凉，非常适于居住。这里不仅生活舒适而且交通十分便捷，往东可以到德和园听京剧，往北可以登山到景福阁观雨，往西能到长廊中漫步，往南可以乘坐御舟游览湖光山色。难怪慈禧太后的贴身宫女曾经说："在京师，最美的景色是颐和园，而颐和园内最好的地方当属乐寿堂。"

慈禧太后十六岁时被选为秀女入宫，后封为贵人。贵人在清朝后宫内廷中的级别并不是很高，但由于她善于笼络宫内人员，又得到咸丰帝的宠爱，并在此期间生下了咸丰帝唯一的儿子载淳，所以在短短的几年中，她很快晋升为嫔、妃、

◎慈禧太后像

◎ 华士・胡博绘 慈禧太后像

贵妃，身份、地位仅次于皇后。咸丰十一年（1861），正值壮年的咸丰帝突然病故，年仅六岁的载淳登基称帝。作为新君的生母，慈禧太后联合恭亲王发动辛酉政变除掉了以肃顺为首的咸丰帝顾命八大臣，从此开始了她将近半个世纪之久的垂帘听政的统治生涯。慈禧太后晚年的大部分时间是在颐和园中度过的，有人曾把她在颐和园中的寝宫乐寿堂看作晚清政治权力的中心，其影响力甚至超过了当时的紫禁城。

乐寿堂正殿大体可以分为五部分，包括慈禧太后的起居室、茶点室、卧室、更衣室和批阅奏折的地方。现殿内陈设基本上保持着慈禧太后居住时的原貌，起居室的正中摆放着紫檀木雕花宝座，后有玻璃镜心边镶着寿字的长围屏和掌扇，宝座四周陈列着象征九九重寿的铜制香炉。此外，宝座两边还有用来盛放水果的青花瓷盘，当年慈禧太后除了常用香料

◎清《崇庆皇太后万寿庆典》中描绘的生活居住区

熏染空气之外，还非常喜欢新鲜水果发出的自然清香，因此盘中的水果不是用来吃的，而是用来闻香味的。

当年，慈禧太后的日常起居非常有规律。早晨起床后，她先在殿内批阅奏章并接受帝后嫔妃等人的请安，然后去仁寿殿上朝，宫中叫“见起”。下朝回来才是早餐时间，过去帝后用餐叫“传膳”。清代帝后的饮食保留了满族人特有的生活习惯，不是像现在这样一天三顿饭，而是一日两顿正餐。早膳一般在卯正二刻，即早晨六点半进行；晚膳在午正二刻，即中午十二点至午后两点进行，但是根据服侍过慈禧太后七八年的贴身宫女回忆，慈禧太后多在上午十点半前后用早膳，时间已如同民间的午饭了，而晚膳通常在下午五点左右进行。精美的食品、丰盛的席宴，是清代帝后晚宴的一大特色。据记载，当年慈禧太后每餐必有一百二十道菜，所用的餐具多

◎远观乐寿堂

是用金银、玉翠及官窑烧制的稀瓷和名盏。慈禧太后在乐寿堂用膳时是在起居室的东边临时设三个餐案，由负责摆放膳食的太监上菜，并插上银牌，以防有毒，而且所有的菜品都要先由随侍的太监尝一遍，宫里称为“尝膳”。当年为帝后制作膳食各有专门的机构，为慈禧太后制作膳食的地方叫寿膳房。其中的御茶房供应各种茶水、奶茶；药膳房制作可医治某些病症的药性饮食等。下午的时间慈禧太后大多用来休闲，晚上睡觉时，殿外都有整夜值勤的太监，殿内的床前和外间还各有四个宫女通宵达旦地陪伴。值得一提的是，御前女官裕容龄曾在乐寿堂为慈禧太后献艺芭蕾舞，这是西方舞蹈第一次进入中国皇家园林，乐寿堂见证了中国芭蕾舞的发端。

乐寿堂是慈禧太后的安乐窝，与这里有关的传说故事自然不胜枚举。光绪年间，清廷开科取士，山东济南府有个名叫王国军的考生文章名列第一，被选为头名状元。慈禧太后闲坐在乐寿堂内，听说了这个“书法不让王羲之、文章气死苏东坡”的状元郎后，传旨火速调来头名状元的试卷，要亲自欣赏这篇文章的风采。当太监把文章摆在慈禧太后眼前的樟木桌案上时，看到卷首赫赫三个馆阁体的大字：王国军！没等往下看文章的内容，慈禧太后就勃然大怒，脸上青筋暴起，牙齿咬得咯咯响，心想：你这不是有意咒骂朝廷，说当今皇上是“亡国之君”吗？于是猛地一拍桌“好一个王国军，你该当何罪？”她顺手提起朱砂大笔，在王国军的名字上打了一个红“×”，接着又写了两行字：“你亡国君大清，我死济南国军！”写完，把朱砂笔扔出老远，当时就下令，差人送去五尺素绢，赐状元王国军悬梁自尽。可叹那王国军十年寒窗，一举成名，正在做当大官的美梦，不料祸从天降，当天就被逼上吊，惨死在京城。当然，这只不过是文人们编出的一则故事而已，慈禧太后不至如此的昏聩！

乐寿堂西跨院是一座长方形的小园林庭院。

[第26站]

扇扬仁义之风

乐寿堂西跨院的院中以山、水为骨架，再加上形似满月的洞门、凹形有致的荷池、沿池曲折的朱栏、依山宛转的园墙，酷似江南园林景色。院中土坡正北侧有一座坐北朝南的扇面形的殿宇扬仁风。此殿名出自《晋书 · 袁宏传》中的“辄当奉杨仁风，慰彼黎庶”，讲的是袁宏被朝廷派往某地做官，临行时，谢安赠给他一把扇子，意为让其奉扬仁风，抚慰百姓，

◎三孔旱桥

后传为佳话。

清漪园时期，扬仁风殿南侧和凹形荷池北侧这块区域曾建有乾隆帝打算在园内居住的寝宫乐安和建筑群，该建筑群与乾隆帝在圆明园的居所名称一致，由七开间歇山顶的乐安堂和凹字形两层的蕴真室及通往养云轩的三孔旱桥组成。遗憾的是乾隆帝从没有在这里居住生活过，此处只不过是他临时的游玩之地。乾隆帝在乾隆五十四年（1789）写下《题乐安和》："御园乐安和，夏日每以居。山园乐安和，肖其式为诸。一游即返跸，诚以驰驿如。然乐安与和，在民非在吾。民失和与安，吾乐岂良图。是则居以游，此意何处无。"这首诗表明乾隆帝认定乐安和应该是百姓乐安和而不是在自己，百姓如果失去了安和，自己又怎会乐得起来呢？自己无论是在圆明园乐安和居住还是在清漪园乐安和游玩，都是时时刻刻在

◎扬仁风（正面）

◎扬仁风（背面）

考虑百姓的安和之事。此外，院内凹形荷池中养了许多金鱼，乾隆帝的生母孝圣宪皇太后常在此观鱼。

道光年间，由于财力不济等诸多原因，乐安和建筑群被拆除，咸丰十年（1860），扬仁风殿被英法联军烧毁，光绪时期修建为现在的形式，成为慈禧太后的垂钓娱乐之所。

扬仁风建筑依山而建，构思巧妙，形式独特，令人称奇。此建筑群以“扇”和“风”为元素做足了文章。扬仁风主殿为歇山顶扇面形状，殿前铺有八根青石砌成的似展开扇骨的地面，所有青石向南汇聚在汉白玉雕成的扇钮压轴处，建筑整体犹如一把打开的折扇。此外，扬仁风的漏窗以及殿内原来陈设的宝座、香几、宫灯等均为扇面形状，与建筑整体风格相一致。那“风”又在何处体现呢？智慧的庭院设计者利用围墙、道路、水池、建筑、山石等元素把繁体的“風”字形象巧妙地勾勒在园林之中。乾隆帝曾在乾隆二十七年（1762）写下《赋得扬仁风》一诗：“为轩如扇样，对景与题名。拟欲仁风变，非图暑期清。怨咨方在念，怀保要惟诚。持赠纶巾者，休夸用智精。”诗作道出了自己奉扬仁风为百姓的政治治国理想和关注民生的心愿。

只有奉扬仁风，百姓才可安和，百姓安和，执政者才会快乐。乾隆时期清漪园中的扬仁风与乐安和正是这一思想以园林的方式的展现，乾隆帝追求“信步庭院中，扑面是仁风。惆怅思旧事，尽是乐安和”的感觉。

山水览胜

万寿山的山体在金、元时期因山麓魁大、凹秀似瓮形被称为瓮山。

[第27站]

万寿山

瓮山之名的由来还有一种常见的古代笔记说法：有一老者在凿山时掘到一个石瓮，大于常瓮许多倍，瓮上雕琢着怪异的花纹，瓮中藏着数十件物品。老者拿走了瓮中的所有东西，而把瓮放在了山的西面，留下谶语说："石瓮徙，贫帝里。"明代嘉靖年间，石瓮果然不知去向，从此明王朝的财力、物力也渐趋贫弱，这就是传说中能聚财的神奇石瓮。自此，此山

◎远观万寿山

因石瓮而得名瓮山。

瓮山的地貌环境在京西北郊一带占据着得天独厚的优势，在明人的一些书中曾这样记载："瓮山在都城西三十里，清凉玉泉之东，西湖当其前，金山拱其后。山下有寺曰圆静，寺后绝壁千尺，石磴鳞次而上，寺僧淳之晶庵在焉。然玩无嘉卉异石，而惟松竹之幽，饰无丹漆绮丽，而惟土垩之朴。而又延以崇台，缭以危槛，可登可眺，或近或远，于以东望都城，则宫殿参差，云霞苍苍，鸡犬茫茫，焕乎若是其广也。西望诸山，则崖峭岩窟，隐如芙蓉，泉流波沉，来如白虹，渺乎若是其旷也。至是茂树回环，幽荫瓮蔚，坳洼渟潆，百川所蓄，窅乎若是其深者，又临瞰乎西湖者矣"。这段文字高度概括了古时瓮山所处的地势之胜，山前有湖光澄碧的西湖，西有峰峦苍翠的玉泉山。在瓮山上可以眺望到远处的都城宫阙和近处

◎万寿山东麓山石

的湖山风景。但瓮山本身，体既不伟，形更不奇，只是一座普普通通的小山，而与其相邻的玉泉山则山形轮廓秀美清丽。人们将瓮山脚下的西湖与玉泉山并称。元明时期，瓮山、西湖、玉泉山之间山水连属，景观上互为借资。罕见的地貌条件为修建清漪园铺垫了良好的自然基础。

万寿山的景观造景大都师法自然，部分凝聚着乾隆帝的艺术创造。山体从东至西长约 1010 米，从南至北最宽处约 480 米，山最高处海拔约 109 米，比山下的湖面高出约 60 米。万寿山属燕山山脉，是山地进入北京平原的最后一道山脉。瓮山的天然山体在乾隆十五年 (1750) 始建清漪园时融入了人工雕琢的痕迹，为造园布局所需，将疏浚山前西湖挖出的泥土堆补在山的东麓，造成中高，东、西低缓，平面如“蝠”形的山形。前山东部仍然露出“燕台大观”自然山石，山东北角霁清轩院内依旧呈现“清琴峡”天然石峡。同年农历三月

◎燕台大观

十三日，瓮山经过加工定形的园林山体被乾隆帝正式命名为万寿山。由于万寿山前的山坡较平，后山山势较陡，在造园布局上，须以安排建筑的部位和安排山路的走向来调整山貌。万寿山前山与二百多公顷的昆明湖水面相对应，景观采取“因山筑室”“以寺包山”的方式构造大量建筑，以此增加自然山川的气势。辉煌的崇楼宫室，严整中富于变化，反映出封建社会后期特定时代帝王生活的特点和要求，体现出清代皇家园林宏大的气势和典丽的风格；万寿山后山地貌环境与前山不同，山体背阴向北，地势狭长，景观注重亭台掩映、清幽深邃，布置灵活而自由，富于自然山林的风致和意境，两者融于山湖景色之中，构成了颐和园万寿山的特点和自然风貌。

古代中国人对山有着如同宗教般的崇拜和敬畏，历代帝王都有登山封禅和祭祀山神的传统。山岳本存在于物质自然世界之中，但通过人们的活动与实践，被赋予了自然物质意义以外的诸多含义，具有一定的象征性。于是，山岳在中国人的观念中常显示为文化的符号，象征着坚强、无畏，更象征着不倒的中华民族精神，万寿山就是这种精神的具体展现。

古代昆明湖水域
地处北京西北部永定河冲积扇和
南口山前冲积扇之间的低洼部位，
原为由地下水溢出带汇积而成的淀泊。

[第28站]

昆明湖

商代以前，永定河出山后经八宝山，向西北由原始的昆明湖水域流入清河。三国魏嘉平二年（250）开车箱渠，利用原有的古旧河道引水灌溉蓟城（北京）西、北、东三面土地万余顷。水流往西、北的路线沿永定河至清河的古河道方向，流至今昆明湖附近入肖家河。北齐天统元年（565），幽州刺史又以高梁水向北合易京水，灌溉农田。其水系导引高梁河入温

◎镜像的昆明湖

榆河，西北向东南的支渠沟通了古昆明湖和古高梁河的河道。此时，昆明湖的原始淀泊并未形成规模，仅被引水工程利用，没有形成风景名胜，也未有通航的记载。实际上，湖泊环境的开发始于金代，盛于元明，定型于清。

颐和园中的水主要集中在昆明湖。昆明湖最早见诸记载的名称为“瓮山泊”“大泊湖”；元末时因湖在北京城西，又称湖为“西湖”；元朝人将此湖与杭州西湖相媲美，称其为“西湖景”；明朝至清朝乾隆初年，又有“西海”“金海”之称。西湖的人工开挖改造始于乾隆十四年（1749），在西湖的西面和北面建有静明园、静宜园，东面建有圆明园、畅春园，此四园中有的有山无水，有的有水无山，而位于四园中心的西湖一带则山青水媚、风景秀丽。乾隆帝在经过缜密的地质勘测之后，

◎昆明湖湖水

决定在此处建造一座大型皇家园林，而修造园林的先期工作则是整理京西北郊的水系。因为，在乾隆初年，西湖是北京西北郊最大的一个天然湖泊，它不仅提供城市用水，还接济通惠河上游漕运，并灌溉附近大片田地。然而越来越多的园林用水使湖水分流供不应求，加之明代以来，雨后西湖湖水泛滥，堤岸经常决口，而且对湖东面的农田及地势较低的畅春园等处构成威胁。为此，乾隆帝在乾隆十四年（1749）冬天以兴修水利的名义，动用国库银两，雇用民工利用农闲，在近两个月的时间里，按照预先规划好的园林设计方案，对西湖进行了一次史无前例的疏浚扩展。工程主要有两项内容：一是修整西山、玉泉山一带的水道和泉眼；二是拓展西湖，扩大蓄水容量。昆明湖挖湖工程，首先根据园林总体布局和水利的

◎雪中的昆明湖

需要，将西湖向东扩展，把西山一带的泉水全部汇入新竣的湖中，使湖面扩大，周岸达三十余里，面积是原来的两三倍以上。同时，按照造景所需，将扩展后的昆明湖湖面分为大湖、西北湖、西湖三个形状不同的水域，并就地取材，用挖湖的泥土在每一湖中堆筑出一座岛屿。三座岛屿大小不等，呈鼎足之势，即今日的南湖岛、治镜阁岛和藻鉴堂岛。在昆明湖大湖的西北开凿河道往北绕经万寿山西麓，沿山的北坡曲折弯转流通成为后湖。按照乾隆帝的规划，新湖将元、明两代由瓮山西北角始而蜿蜒东南的湖东岸（原西堤）向东移到今文昌阁一线，改造成为今日湖泊的东堤，并在东堤上建三孔水闸“二龙闸”，控制东流的水量。昆明湖水面扩大后，水位有所降低，为保证湖西面较高田地的用水，在西湖又开挖了“高

◎昆明湖怒涛

水湖”和“养水湖”以停蓄湖水，保障水源的充分利用。

乾隆十四年(1749)农历十二月至乾隆十五年(1750)农历正月，昆明湖开挖定型，形状宛如寿桃。结束了原瓮山泊、西湖天然湖泊的地貌，逐渐从地下湖演变成地上湖，从天然湖转变成人工湖，并以三千三百余亩的辽阔水面，纳入皇家御用湖泊之列。在清漪园（颐和园）造园中，昆明湖不仅是园林的主体结构之一，更是众多园林景观的中心，其清秀神奇的自然风韵与流光溢彩的宫殿遥相辉映，展现了帝王苑囿雍容磅礴的气势与仙山琼阁般的画境。

清漪园（颐和园）中的湖为什么要起“昆明”这个名字呢，难道和云南的省会昆明有关？其实是没有任何关系的。在距今两千多年的西汉时期，云南滇池有个小国叫作昆明国，汉武帝为征伐那里，在首都长安开凿了一个仿滇池的昆明池，用来操练水军。乾隆帝根据这个典故，将西海改称为昆明湖，并效仿汉武帝在这里演习水师，这就是昆明湖之名的由来。

中华文明是以水治为开端的，从原始先民虔诚的海河崇拜、奇异的神话传说，到先秦诸子“以水喻道”的洞见，以及“外师造化、中得心源”的中国传统文化的精髓，无不浸透着流水的神韵和大道的空灵。老子从观水中得出“上善若水”“天下之至柔，驰骋乎天下之至坚”的大道；庄子以至“秋水时至，百川灌河”为源推出相辅相生、天地无穷的名理；管仲因水之善得出“水是万物之本源，是以圣人之所化世，其解在水中”的处世之法；孔子在水边发出“逝者如斯夫，不舍昼夜”的感叹；唐太宗李世民将“水能载舟，亦可覆舟”的道理用于治国，从而创立出举世闻名的“贞观盛世”；苏东坡从水与月的变与不变中悟得“自其不变者而观之，则物与我皆无尽也”的哲理……正是这些华夏先贤对流水诗心慧眼的体悟和关照，铸就了道法自然、天人合一的中华大智慧，孕育了无数瑰丽万千的不朽华章。颐和园中的昆明湖就是中国传统水文化的杰出展现。

在颐和园众多的游廊中，
万寿山下横贯东西的长廊是中国园林中最精彩的游廊代表。
它如同一条美丽的飘带，
将分布在湖山之间的亭、台、楼、阁、轩、馆、舫、榭
有机地连缀成整体。

[第29站]

西游长廊

从乐寿堂西的邀月门开始，至西面的石丈亭为止，长廊共有273间，全长728米。廊的中间建有象征春、夏、秋、冬的留佳、寄澜、秋水、清遥四座八角重檐亭。东西两段又各有短廊伸向湖岸，衔接着对鸥舫和鱼藻轩两座水榭。西北部连着山色湖光共一楼。廊的地基随着万寿山南麓的地势高低起伏；廊的走向随着昆明湖北岸的凹凸弯曲，建筑师巧妙地

◎长廊入口处

利用廊间的建筑作为高低和变向的连接点，避免了长廊过直、过长和地势不平，营造出曲折、绵延、无尽的廊式风格。

长廊代表了中国园林建筑的高超水平，是颐和园内的建筑经典。园林建筑蕴含丰富的文化意义，建筑与山水艺术性地结合，创造出千姿百态的园林景观，陶冶着人们的身心。在中国古典皇家园林建筑中，廊式建筑占有重要的位置。颐和园长廊是中国廊式建筑中最大、最长、最负盛名的游廊，也被称为“世界第一长廊”。它作为皇家园林中的重要景观，综合了各种廊式建筑为一体，成为一条最长的游廊。长廊以排云殿为中心，呈东西走向，向两边延伸，它的长与佛香阁的高遥相呼应。这座精心打造的游廊，雍容华贵，融合、吸收了南方游廊的典雅，更具有皇家的威严气度。无论外界是风是雨，它总是以最安适的方式呈现给人们不同的美。漫步其中，

◎长廊弯曲处

步移景换，每每映入眼帘的都像是精心构造引出的、领人们去欣赏的山水图画。

长廊中的人物彩画故事时间跨度很大，从远古时代的三皇五帝到封建社会的最后一个王朝，上下绵延五千年；取材范围也很广，有历史故事、民间传说、古典小说、戏曲、神话、诗歌、典故等；内容有的反映中国人民勤劳好学、贤淑礼让的传统美德，有的记录风云变幻、沧海桑田的历史变迁，既有人民群众抗击侵略、反抗奴役的英雄业绩，又有各族人民友好往来的千古佳话。可以说，长廊中的彩画故事不仅是一部历史书、

◎长廊尽头

一幅风情画，更是一个了解中华文明五千年的窗口。

长廊中的山水彩画中多是些清新淡雅、温婉舒缓的江南美景，花鸟彩画中多以历代流传的“吉祥图案”为主。如百花之王的牡丹，雍容华贵，妩媚端丽，唐代大诗人李白赞誉其为“国色天香”，在中华民族传统文化中被视为繁荣昌盛、幸福和平的象征。再比如先百花而春的梅花，以其冰肌玉骨为历代文人志士所敬重，它与挺拔向上的翠竹、长青不老的松树合称为“岁寒三友”，深受文人雅士的偏爱，被赋予了高风亮节、坚贞不屈等美好的人文品格。与花卉作品同时构图的禽

◎长廊彩画之“三借芭蕉扇”

◎长廊彩画之“三打白骨精”

◎长廊彩画之“千里眼顺风耳”

鸟，多采用具有祥瑞、喜庆的凤凰、仙鹤、鸳鸯、蝙蝠、喜鹊等作为花鸟画的主旋律，并用精辟的题名点化出丰富、深刻的文化含义，向世人传达中华民族追求美好的理想，潜移默化地教化和规范人们的道德言行。如《百鸟朝凤》《丹凤朝阳》《松鹤长春》《喜鹊登梅》《三阳开泰》《连年有鱼》《鸳鸯贵子》等传统吉祥图案都是长廊建筑绘画经久不衰的内容。

《西游记》是中国古典四大名著之一，主要描写了唐僧师徒四人历经磨难前往西天取经的故事，是中国古代小说的经典之作。慈禧太后就很喜欢读小说，尤其是《西游记》。她还把书中的故事节选出来，编成京剧曲目，让名伶在园中大戏楼表演，其中最为有名的就是她对“大闹天宫”这段故事的精心修改，因此在她经常漫步的长廊中出现以《西游记》为题材的彩画故事也就不足为奇了。

一般游客会自东向西漫步在长廊之中，可静心欣赏长廊中由《西游记》故事创作的苏式彩画。长廊中的《西游记》彩画故事有:“孙悟空大战哪吒”“唐僧取经”“千里眼顺风耳”“孙大圣大闹蟠桃会”“三打白骨精”“红孩儿智擒唐僧”“八卦炉”“三借芭蕉扇”“鱼精作怪”等。《西游记》开篇就明确地表明“欲知造化会元功，需看西游释厄传”，也就是说要想知道人生的真谛必须看这本书。一个人为了自己的理想，在经历世间种种磨难后，依然能保持一颗初心，即使未到西天，其心中也早已修成正果……每个人都有属于自己的真经，在有限的一生中去得到它绝非易事。人生不是一蹴而就，而是漫漫长路的修行。吴承恩通过这本百回的神话小说，引领读者在人生路上不断战胜心魔，最终成就人生，想必这也是慈禧太后喜欢韦编三绝式地精读《西游记》的根本原因。

◎长廊藻井

◎长廊框景

GUINNESS WORLD RECORDS

CERTIFICATE

The world's longest covered promenade is the Long Corridor in the Summer Palace in Beijing, China, which runs for 728m and is built entirely of wood.

Keeper of the Records
GUINNESS WORLD RECORDS LTD

◎长廊吉尼斯纪录证书

林徽因曾在《中国建筑彩画图集》序言中这样说道：“最初是为了实用，为了适应木结构上防腐防蠹的实际需要，普遍地用矿物原料的丹或朱，以及黑漆桐油等涂料敷饰在木结构上；后来逐渐和美术上的要求统一起来，变得复杂丰富，成为中国建筑艺术特有的一种方法。”这准确地表述出了长廊中苏氏彩画众多的缘由。长廊中的万余幅苏氏彩画作为中国传统木结构建筑的一种装饰艺术，蕴含着中华民族深厚的传统文化底蕴，是古代人民装饰生活环境的重要手段之一，也是构成中国建筑东方特色的表征之一，更是木建筑的画龙点睛之笔。

长廊，不仅仅是颐和园精湛的园林艺术的体现，更像是一条时间的走廊。漫步其间，让我们领略到中国两千年的文化积淀和艺术精髓，这座精心打造的游廊便是中国建筑和文化的代表之作。

一直不解为什么养云轩西洋门前的台阶
总有那么多喜欢驻足的人，
而当坐在台阶上，
才会发现，
不仅身后的建筑门十分特别，
而且眼前的葫芦河风景也很值得停下脚步去用心品味，
它们之间究竟有何关联？

发现 · 颐和园

[第30站]

养云轩的凯旋门

原来养云轩西洋门前遍植荷花的葫芦河上架起的那座汉白玉小桥与西洋门在材质上互相呼应，从而使养云轩院落融入园林山水的整体环境之中，一个以西洋钟为元素建造的门矗立在万寿山脚下，别有一番情趣。

随着清朝皇帝对西方建筑的逐渐认识和了解，西洋建筑作为一种外来的建筑样式逐渐出现在他们居住的皇家园林中，

©透观养云轩

◎“养云轩”匾

就在养云轩西洋门修建之前，圆明园长春园中就已经出现了大量仿西洋风格的建筑群。养云轩西洋门始建于乾隆二十年（1755），为现在园内保存完好的清漪园时期的仿西洋建筑之一。

西洋门整体宽4.5米，高6.5米，这是中国传统居住建筑的门户尺度。整体呈向上趋势的它位于九级台阶的汉白玉基座上，与其后的院落地平有三级台阶的高差。西洋门横向三开间，中间为独特的六边形门洞，洞口上方有横匾书“川泳云飞”，门洞外空白部分为精美的牡丹图案砖雕，两次间汉白玉须弥座上各立两座中式柱础的西方柱，柱间白石上镌刻“天外是银河烟波宛转；云中开翠幄香雨霏微”。

楹联匾额为此处添加了更多的人文遐想，使人对自然之美的感受由纯粹的物质层面上升到了精神层面。这种园林创作手法来自中国古代特有的儒学思维方式。站在养云轩院内，打开西洋门，透过长廊，对面是“浩瀚如银河”的昆明湖。由眼前的景物遐想到了浩瀚的宇宙，人的心胸也开阔起来。帝王君临天下，穿梭时空的大气通过这楹联也感染到了如今的观景人。而横匾则秉承清代皇家园林中极为推崇的“鸢飞鱼跃”等儒学命题，将眼前的山水自然美景融入观赏者的心灵体验，升华到天机流行的超然境界，这符合乾隆帝一贯的造园思想。

养云轩西洋门作为一个仿西式建筑，同意大利罗马的凯旋门一样采用的是三开间的设计。西方古典建筑注重建筑的雕塑感,东方古典建筑则注重建筑的院落组合空间感。在这里，西洋门通体为汉白玉，既是园林中的小品建筑，又仿佛一个雕塑放置于养云轩院落中。整体造型注重建筑的体量感，细部处理又采用了大量砖雕达到细腻丰富的效果。在注重院落空间的同时兼顾建筑的雕塑感，这些特点使它成为中西合璧的典型建筑。

万寿山脚下的院落众多，唯独养云轩采用西洋门这一独特的建筑形式而非传统的垂花门，求新求异的创作思想在这里起了主导作用。在皇家园林设计中，乾隆帝的一个很重要的设计思想是避免雷同。美是没有国界的，无论是中国的还是西方的，只要是美的东西都可以用来点缀园林，成为园中风景。从空间秩序和构成来说，重复可以产生强烈的节奏感和韵律感;然而，在重复之中出新出异则可以产生变化的喜悦，引发审美的高潮。乾隆帝在养云轩西洋门上的独特用心正体现了这一审美原则。

无尽意轩是万寿山山南的一座独立院落，
此处由乾隆帝亲自命名。
它与承德避暑山庄的有真意轩和
杭州净相院无尽意阁寓意相同。

[第31站]

意境含蕴的无尽意轩

乾隆帝闲暇时，曾常在无尽意轩内赏析苏州画家张宗苍所绘的《吴山十六景》屏风。反复回味后，他发出了“疏轩无尽意为名，结揽山清复水清。因悟不宁唯是矣，有谁能尽世间情”的感叹。

无尽意轩前临荷池，绕以曲垣，环境极为幽静。它的左右各有道路与山坡上的景点连通，可谓四通八达。这里曾是

©无尽意轩

◎“无尽意轩”匾

乾隆帝在清漪园欣赏湖山景色的最佳之处。光绪时期慈禧太后对此地更是喜爱有加，不但沿用了先前的旧名，还亲笔为此处题写了“无尽意轩”四个大字。

无尽意轩院落始建于乾隆十九年（1754），咸丰十年（1860）被毁，光绪十七年（1891）重建。此院落入口垂花门为悬山式勾连搭屋顶，正殿无尽意轩硬山式顶，坐北朝南，面阔五间，正中檐下悬挂“无尽意轩”匾。正殿的东、西侧各有配殿三间，各由三间向南的转角廊相连，从东、西配殿至垂花门各有抄手廊七间，南为什锦窗墙，可观院外美景。总之，这里是湖山景色意味无穷的所在之地。

“无尽意”三字有两层含义：第一层是对自然风景而言，有情趣和意味的意思。第二层是对事物的认知过程而语，有想法和见解的含义。无尽意轩蕴含着这样的意境：人们对客观事物的认知一般都是由表及里、由浅入深的，并不是马上就能参透其中的真意，看清事物需要时间，不可操之过急。此外，无尽意还有一切诸法不可尽之意，象征着佛教东方净琉璃世界八大菩萨中的无尽意菩萨，表现出“世界无边尘绕绕”“众生无尽业茫茫”“爱河无底浪滔滔”三种“无尽”。

慈禧太后深明此理，她在居住的园子中一处静谧之所特意挂上这块寓意深刻的无尽意轩红底金字木匾就很好理解了。无尽意轩这块红匾如同这座建筑的双眼，给人以无限遐想。制作精良的无尽意轩匾可以说是颐和园中国粹艺术的独特文化符号，是融书法、雕刻、绘画于一体，集思想性和艺术性于一身的综合性艺术作品。不但如此，它还体现出中国红的独特魅力：氤氲着古色古香的气息，延续着盛世气派的遗风，沿袭着灿烂辉煌的脉络，流传着独领风骚的神韵。

“一切景语皆情语”，景为情设，情因景现。夜晚站在无尽意轩门前，青山、秀水、清风、明月就在眼前，这无尽的美景让人情不自禁地联想起苏东坡扣舷而歌后的感慨：“且夫天地之间，物各有主；苟非吾之所有，虽一毫而莫取。惟江上之清风，与山间之明月，耳得之而为声，目遇之而成色。取之无禁，用之不竭。是造物者无尽藏也，而吾与子之所共适……”

介寿堂是南北向的两进院落，
建在清漪园时期大报恩延寿寺慈福楼基址之上，
带西跨院。

发现 · 颐和园

[第32站]

介寿堂？慈福楼？

慈福楼原是崇庆皇太后和乾隆帝礼佛拈香时的休息之地，咸丰十年（1860）毁于英法联军的大火，光绪十七年（1891）重建后改为此名，建筑形式变动较大，为慈禧太后做寿时的休息之所。从慈福楼到介寿堂，也反映出这座皇家园林功能的转变。

“慈”是佛的“四无量心”之一，慈无量心是通过观想给

◎介寿堂二进院落

众生欢乐，“福”是指福德，“慈福”就是佛赐予人世间的福德果报。这是乾隆帝通过佛法加强统治，以佛治心的一种展现，也点出了慈福楼的实际用途——佛堂。正殿面阔五间，后罩殿三开间的两层慈福楼与转轮藏构成次要轴线，成为这座园林中轴线的东辅翼。

“介寿”二字出自《诗经·豳风·七月》中的“八月剥枣，十月获稻。为此春酒，以介眉寿”，意思就是用枣和稻酿成的春酒，求长寿。介寿堂前院正中有一棵乾隆年间种植的古桧柏，不知为何这棵古桧柏的造型极为奇特，桧柏从根部分开，交会于主干，整体呈“人”字形；稍南栽种的另一棵光绪年间的桧柏主干正好垂直生长，从远处看恰似在人字桧柏正中间，两棵桧柏组成了“个”字，因其种植在介寿堂院落内，故又

◎“介”字柏

雅称“介”字柏。桧柏是中国传统文化的亘古证物，它在中国文化史上有着自己厚重的文化内涵，传承着中华民族古老悠远的历史。桧柏火烧不死、雷电不灭、四季常青，被人们看作吉祥的象征。院内的桧柏与建筑的名称主题相呼应，共同表达了对慈禧太后的祝寿之意。

介寿堂入口为一座悬山顶垂花门，门左右与饰有什锦窗的白粉院墙相连，硬山式屋顶的正殿介寿堂面阔五间，前后有廊，檐柱间悬挂“介寿堂”匾额，原有楹联“寿永山河升恒日月，祥临斗极景庆星云”。介寿堂东、西配殿面阔各五间，均为硬山式屋顶,前有廊。东配殿原有楹联“千年露结蟠桃实，万顷波澄若木枝”；西配殿原有楹联“园中草木春无数，湖上山林画不如”，转角游廊与介寿堂东、西配殿相连，直通后院。

◎介寿堂门

◎介寿堂门前的抱鼓石

◎介寿堂门前的抱鼓石

介寿堂后院硬山顶北殿面阔五间，左、右各相接一座耳房，东、西硬山顶配殿各面阔三间，由游廊与其相串联。西跨院共有坐东朝西硬山式屋顶建筑十三间，南北成“一”字形。

1939年，傅心畬从恭王府搬出后，曾在这里居住数载，其间日本侵略者欲聘其在伪政权中任职，他称疾不入城，坚不赴职，《昆明湖秋色图》与《排云殿图》正是他在这一时期创作的优美画作的代表。

1960年10月19日，周恩来和夫人邓颖超在介寿堂设宴招待在京的黄埔军校校友。张治中和夫人洪希厚、女儿张素我、女婿周嘉彬，陈赓和夫人傅涯，邵力子和夫人傅学文，郑洞国和夫人顾贤娟，侯镜如和夫人李松芸，唐生明和夫人徐来，黄雍，李奇中，覃异之，屈武，杜聿明，宋希濂，周振强，王耀武，郑庭笈，杨伯涛等赴宴，并在介寿堂合影留念。

介寿堂院落地处幽静环境之中，建筑雅致，结构巧妙，是北京四合院的杰出代表之一，让无数文人雅士倾心向往。

◎介寿堂观佛香阁

“转轮藏”为佛教用语，
指能旋转的藏置佛经的塔形木结构建筑，
下大上小，
依次为藏座、藏身和天宫楼阁，
并绘有佛像、图案等，
一般通高十米左右，
多为八角形，分若干层次，可左右旋转。

[第33站]

转轮藏

清漪园时期的转轮藏建筑群由两层的转轮藏、飞廊、东西转经亭、万寿山昆明湖石碑和牌楼组成，仿杭州法云寺藏经阁的样式建造，是供帝后贮藏经书、念经祈祷的场所。

转轮藏为两层三开间式建筑，进深一间，上层外有游廊，顶部结构奇特，为琉璃瓦重檐长方形连三宝顶各四脊攒尖，宝顶上分别有琉璃质地的福、禄、寿三星。

◎转轮藏

东西转经亭亦为两层，上层有飞廊与转轮藏上层相连接，转经亭外看两层，实际地下还有一层。两层转经亭内有上下贯通的木制油彩四层木塔，木塔八面可以贮藏经书和佛像，中间有轴，在地下转动木塔机关，木塔上经书、佛像转动，象征诵经和谒拜。清漪园时期，木塔上面供有数十尊铜胎佛、镌胎佛及铜钟；帝后到此礼佛时，轻轻一推木塔机关，木塔即可转动，从而表示完整诵读了塔上的经文，与佛教法器转经筒的功能相似。

万寿山昆明湖石碑在颐和园万寿山佛香阁东侧的转轮藏前。碑为青白石雕造，坐北朝南，形制巨大，长方形宝顶，深雕双龙，须弥座束腰，碑身雕龙边，上枋雕浮莲。碑通高9.875米，厚1.09米，碑座上雕刻神兽、海浪图案。此碑建于乾隆十六年（1751），阳面阴刻“万寿山昆明湖”六个大字，阴面刻《万

◎寿星与石碑

寿山昆明湖记》，均为乾隆帝御笔。碑文记述了扩展昆明湖的目的和经过。石碑两侧刻有乾隆御制《昆明湖诗》，石碑形式模仿河南嵩山嵩阳观碑。

《万寿山昆明湖记》："岁己巳，考通惠河之源而勒碑于麦庄桥。元史所载，引白浮、瓮山诸泉云者，时皆湮没不可详。夫河渠，国家之大事也，浮漕利涉灌田，使涨有受而旱无虞，其在导泄有方而潴蓄不匮乎！是不宜听其淤阏泛滥而不治。因命就瓮山前，芟苇茭之丛杂，浚沙泥之隘塞，汇西湖之水都为一区。经始之时，用事者咸以为新湖之廓与深两倍于旧，踟蹰虑水之不足。及湖成而水通，则汪洋漭沆，较旧倍盛，于是又虑夏秋汛涨或有疏虞。甚哉集事之难，可与乐成者以因循为得计，而古人良法美意，利足及民而中止不究者，皆是

◎万寿山昆明湖石碑

也。今之为牐（闸）为坝为涵洞，非所以待汛涨乎？非所以济沟塍乎？非所以启闭以时使东南顺轨以浮漕而利涉乎？昔之城河水不盈尺，今则三尺矣。昔之海甸无水田，今则水田日辟矣。顾予不以此矜其能而滋以惧。盖天下事必待一人积

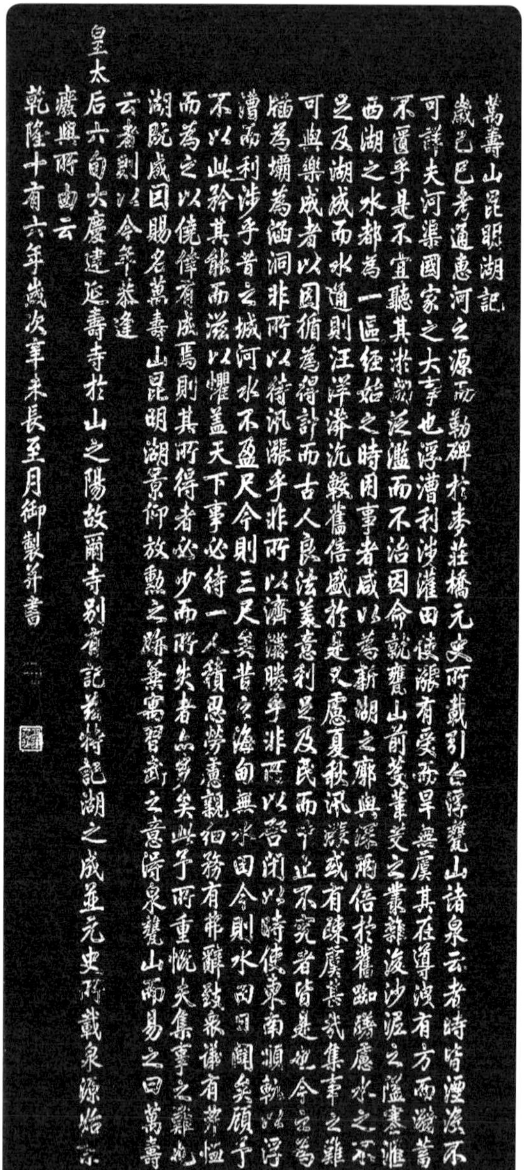
萬壽山昆明湖記
歲己巳考通惠河之源而勒碑於麥莊橋元史所載引白浮甕山諸泉云者時皆湮沒不
可詳夫河渠國家之大事也浮漕利涉灌田使漲有受而旱無虞其在導洩有方而瀦蓄
不匱乎是不宜聽其淤閼泛濫而不治因命就甕山前芟葦茭之叢雜浚沙泥之隘塞滙
西湖之水都為一區經始之時司事者咸以為新湖之廓與深兩倍於舊踟躕慮水之不
足及湖成而水通則汪洋漭沆較舊倍盛於是又慮夏秋汛漲或有疏虞甚哉集事之難
可與樂成者以因循為得計而古人良法美意利足及民而中止不究者皆是也今為
牐為壩為涵洞非所以待汛漲乎非所以濟溝塍乎非所以啟閉以時使東南順軌以浮
漕而利涉乎昔之城河水不盈尺今則三尺矣昔之海甸無水田今則水田日闢矣顧予
不以此矜其能而滋以懼蓋天下事必待一人積思勞慮親細務有弗辭致衆議有弗恤
而為之以僥倖有成焉則其所得者必少而所失者亦多矣此予所重慨夫集事之難也
湖既成因賜名萬壽山昆明湖景仰放勳之跡兼寓習武之意得泉甕山而易之曰萬壽
云者則以今年恭逢
皇太后六旬大慶建延壽寺於山之陽故爾寺別有記茲特記湖之成並元史所載泉源始末
暨興所由云
乾隆十有六年歲次辛未長至月御製并書

◎《万寿山昆明湖记》拓片

思劳虑，亲细务有弗辞，致众议有弗恤，而为之以侥幸有成焉，则其所得者必少而所失者亦多矣。此予所重慨夫集事之难也。湖既成，因赐名万寿山昆明湖，景仰放勋之迹，兼寓习武之意。得泉瓮山而易之曰万寿云者，则以今年恭逢皇太后六旬大庆，建延寿寺于山之阳故尔。寺别有记，兹特记湖之成，并元史所载泉源始末废兴所由云。乾隆十有六年岁次辛未长至月御制并书。”

《万寿山昆明湖记》全文四百四十七字，是研究北京水利发展史和颐和园历史的重要文献。总之，这篇《万寿山昆明湖记》写出了修建清漪园（颐和园）的三个目的：第一、兴修水利，第二、操练水军，第三、为母祝寿。乾隆元年（1736），清王朝国库存银达三千余万两，相当于当时全世界财富的四分之一。清代，劳工雇佣制开始普及，工匠计日取酬，物料也由官府出资采购。乾隆帝通过每年不断的大小工程，让钱财流动起来，不但还富于民，而且刺激了经济的发展。这就是盛世修园林的根本原因。清漪园的兴建计划周密、步骤严谨，它的诞生完全出自乾隆帝一人之手。借用清末文人王闿运写颐和园的诗句："谁道江南风景佳，移天缩地在君怀。"

清华轩轩名出自谢混《游西池》中“水木湛清华”的诗句，
院落精致的垂花门两侧，
镶有形态各异的什锦花窗，
散发出浓郁的宫廷气息。

[第 34 站]

清华轩？五百罗汉堂？

从石桥上穿过，即到达坐北朝南、硬山式屋顶的正殿清华轩，站在“清华轩”匾额下，顿感“梅花古春柏叶长青，云霞异彩山水清音”之意境。院内东、西配殿两侧与廊相接，可相互交通。清华轩的二进院落较前院稍小，正殿为硬山式屋顶，亦有东、西配殿。

清漪园时期，此处名为五百罗汉堂，仿杭州西湖净慈寺

◎“清华轩”匾

◎清华轩院落

修建，清漪园五百罗汉堂与香山碧云寺五百罗汉堂几乎同时修建且规制基本相同。清漪园五百罗汉堂的平面作田字式，有南、东、西三门，堂前有八角形水池，中架石桥，堂东有亭。《钦定日下旧闻考》中记载：“罗汉堂为门三，南曰华严真谛，东曰生欢喜心，西曰法界清微。堂内分甲乙十道，塑阿罗汉五百尊，东门内曰祇树园、狮子窟、须夜摩洞；转而南为阿迦桥；

稍南曰阿楼那崖，曰徙多桥，桥上曰弥楼，曰摩偷地，曰砥柱，曰摩珂窝；上曰兜率陀崖，曰功德池，曰旃檀林；再上曰须弥顶，曰善现城，曰金田，曰陀罗峰，曰鸡园，曰鹿苑；中为室罗筏雷音殿，北曰耆阇崛；旁曰舍利塔，曰蜂台，曰毗诃罗桥；南曰露山，曰香岩；西曰信度桥；诸额皆御书。堂之东有亭，卧碣上勒御制五百罗汉记文。”五百罗汉堂与五方阁构成次要轴线，成为这座园林中轴线的西辅翼。

咸丰十年 (1860)，罗汉堂被英法联军焚毁；光绪十七年（1891）时改建成前后二进院落且带东跨院四合院形式建筑。清华轩的形式和功能与过去相比产生了巨大的改变，但前院中的圆形水池和白石拱桥，及东跨院内记录五百罗汉堂的形制和乾隆帝平定准噶尔叛乱的石卧碑，仍然是乾隆时期的原物，未有移动。

清华轩东跨院碑体量巨大，为长方形卧碑，东西向坐落，通高 2.09 米，宽 2.21 米，厚 1 米。碑东侧为乾隆二十三年(1758）御书《西师诗》，西侧为乾隆二十二年（1757）御书《万寿山五百罗汉堂记》，南侧为乾隆二十二年（1757）御书《平定准噶尔勒铭伊犁之碑》，北侧为乾隆二十三年（1758）御书《平

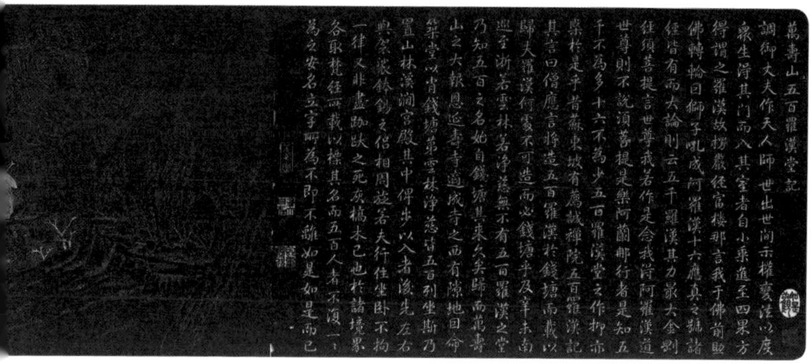

◎清 王方岳《万寿山五百罗汉图》刻石（初拓本局部）

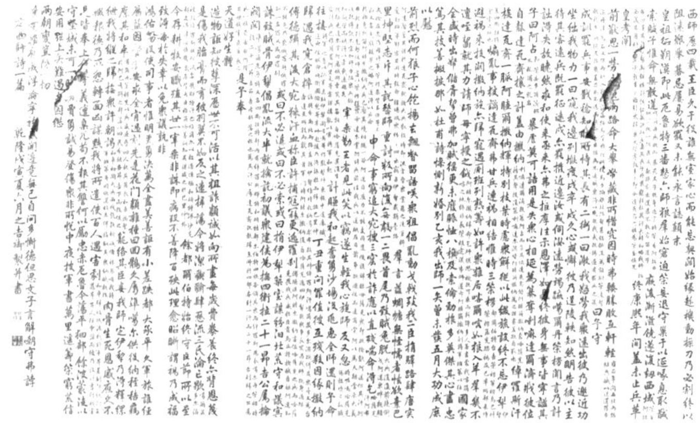

◎《西师诗》

定准噶尔后勒铭伊犁之碑》，整个清漪园佛教建筑规划思想和平定准噶尔的前前后后都体现在这块碑的文字之中，四种文字刻于同一碑上，可谓独一无二。

据说，大有庄“京西炸糕李”李振铎曾在此处石桥前现场为慈禧太后制作炸糕。民国时期，袁世凯长子袁克定曾在此地居住。中华人民共和国成立初期，周恩来也在此小住。此处见证了历史的变迁。

宝云阁建于乾隆二十年（1755），
位于佛香阁西侧的方环形建筑群五方阁正中。
它的外形仿照木结构建筑的样式，
建筑的梁、柱、枋、椽、顶瓦、宝顶、斗拱、
门窗以及匾额皆为铜铸，
重檐歇山顶，俗称“铜亭”；
它与山东泰山岱庙铜亭、
云南昆明鸣凤山铜亭共称为“中国三大铜亭”。

发现 · 颐和园

[第35站]

最大的铜亭

宝云阁通高7.55米，重约207吨，位于汉白玉须弥座上，通体呈蟹青冷古铜色，其绝妙的铸造工艺在中国悠久的青铜历史文化中占据着重要地位。宝云阁历经岁月沧桑，随着季节和光线的变化呈现着斑斓色彩，散发着独有的文化品位。

五方阁建筑群的平面布局象征佛教密宗的曼荼罗。曼荼罗是一个佛的世界，它是密宗修行者所信奉的尊佛居住的地

◎侧看宝云阁

方。这里除了五方佛的法身外，还有山川河流、日月星辰、风云雷雨、庙宇宫阙、经文法器、符篆咒语、瑞兽珍禽、奇花异卉等，是一个自足圆融的最高理想世界，也是佛教密宗中修行者与佛界沟通交流的清净之境。五方佛源自密宗金刚界思想，东南西北中五方，各有一佛主持。分别是中央的毗卢遮那佛、东方阿闳佛、西方阿弥陀佛、南方宝生佛、北方不空成就佛。在佛教中曼荼罗花是吉祥花，相传佛祖释迦牟尼在传法时会手拈曼荼罗花，同时在传法之地会下起漫天的曼荼罗花雨。曼荼罗花在佛教中象征宁静安详、吉祥如意。

位于五方阁建筑群正中的宝云阁就是毗卢遮那佛的象征。佛有三身，分别是法身、报身和化身。毗卢遮那佛就是法身佛，法身处于常寂光净土，象征了世间宇宙的一切法皆由此出。卢舍那佛是报身佛，显示了佛的智慧。释迦牟尼佛是化身佛，是随缘教化，度脱世间众生而现的佛身，不仅仅指释迦牟尼

◎五方阁

的化身。一切佛、菩萨都以善知识的形象化现，为的就是来度化有缘众生。法身就是最本质、最圆满的智慧，是无相可言的。法身佛就是宇宙的人格化，一切佛的智慧和宇宙本身平等不二，所以一切佛的法身根本无分别。说到这里，大家也许不会想到宝云阁竟会是佛教中所有佛的法身象征吧。乾隆时期，在宝云阁内供桌上供奉的佛像极可能就是毗卢遮那佛。

宝云阁采用拨蜡工艺制造，它的式样、尺寸及工艺精细

◎铜亭

程度与木结构建筑完全一样，构件及精致的花纹图案经过造芯、制模、造型、出蜡、焙烧、浇注以及对部件细致加工而成。宝云阁的设计者是清代著名的建筑世家样式雷家族，具体施工者却是许多平凡的工匠。虽然建筑为分体铸造，连接却极其精密，毫无铸凿之痕。铜殿不仅形态高贵、华丽，更突出了清代建筑的高大外形和精巧的细部结构，显示出 18 世纪中叶中国铸造工艺的最高水准。可以说，宝云阁是中国古代建筑和铸造工艺之中的稀世珍品。在宝云阁东、西槛墙的内侧壁上,镌刻有监工大臣和所有工匠的名字。按照清宫档案记载：铸造宝云阁铜殿共用银六万五千六百六十三两九钱六厘，用铜四十一万四千斤。铸造完成后,仅雕琢打磨下的铜屑就达五千斤。

东槛墙镌刻的内容为："奉旨开列督理万寿山铜殿工程大臣官员监职名。太子少保内大臣户部尚书管理户部三库事务总

◎铜亭匾

管内务府大臣：海望。工部左侍郎总管内务府大臣：三和。总管内务府大臣、副都统：苏赫讷。乾清门行走、副都统：鄂实。正卿职衔：傅岩。正卿职衔：和尔经额。监督：郎中通福寿。员外郎兼佐领：海福。骑都尉：佟起。主事：舒善。总领：育麟。副总领职衔：衡位。笔帖式：何尔金。栢唐阿：福重。栢唐阿：拴住。领催：二达塞。乾隆二十年岁次乙亥夏六月镌刻。”

西槛墙镌刻的内容为：“铸匠：郭文炳、李元麟、王永贵、苏佩鸣、张文成、方玉么。凿匠：纪会、李国栋、高海绍、王定礼、王之忠、良玉、金瑶章、陈文彩、赵天禄、张永盛。拨蜡匠：杨国柱、张成、韩忠、高永固。镟匠：周光禄、王震坤、朱成禄、王良玉。锉匠：张国良、牛汉臣、姜得玉、缪德臣、张圣如、张喜鸣、王天福、王进孝、张九龄、邓文英、李德、刘忠。木匠：赵承业、胡明忠、王瑞、孙有功。”

从镌刻的文字可以看出，在宝云阁内壁开列镌刻监工大臣和工匠的名字是奉旨行事。当然，乾隆帝下旨绝不是要为大臣、工匠们歌功颂德，而是为了在工程质量出现问题后可以追究责任。海望在当时的职位相当于现在主管财政、税收、土地、民政、金融等部门的国务院副总理；由副国级领导主抓的宝云阁铸造工程，用现在表述来说就是当时国家级的形象工程。宝云阁的拨蜡工艺涉及六个主要工序，即铸、凿、拨蜡、镟、锉、木。其铸造工程根据各个工序的工作量大小配备相应数量的工匠，共计四十人。宝云阁的落成时间是乾隆二十年（1755），而铜牛的完工恰巧也在同一年，或许铜牛也是这些匠人的杰作。

宝云阁建成之后，就成为藏传佛教僧侣为帝后祈念经福的地方。宝云阁初建时有十二道门扇、二十道窗扇、七十道页隔扇心。咸丰十年（1860），清漪园被英法联军烧毁，五方阁建筑群只剩下宝云阁一处，但内部陈设皆被洗劫一空。光绪十四年（1888），慈禧太后按照乾隆时期五方阁原样重建。光绪二十六年（1900），八国联军洗劫宝云阁的部分铜质窗扇，此时阁内也仅剩约两吨重的铜供桌。民国后，颐和园疏于管理，偷盗事件不断发生，宝云阁的窗扇、门扇、页隔扇心丢失了许多。于是，当时颐和园的管理部门索性将宝云阁内剩余的窗扇、门扇、页隔扇心拆下存放在文物库内，以便保管。拆去门窗的宝云阁的外观酷似亭子，因此得名“铜亭”。1993年，美国国际集团公司出资51.5万美元，把十扇流失海外的铜窗购回并赠还中国。此后，颐和园管理处又费尽心力将其他窗扇、门扇、页隔扇心补齐，铜亭终于变回了宝云阁的模样。

排云门前整齐摆放着象征中国的十二地支的十二生肖石，
这十二块奇石在广场前后呈平面排列，
如同古代官场排衙形制，
所以又被称为排衙石。

[第36站]

清漪园的排衙石

据说，排云门前摆放着的十二生肖石是康熙帝建造的畅春园中的遗物，后重建颐和园时被安置于此，但通过《崇庆皇太后万寿庆典图》中的大报恩延寿寺区域来看，排衙石当属清漪园的旧物。

无论是崇庆皇太后拈香拜佛的大报恩延寿寺，还是慈禧太后端坐接受百官庆寿的排云殿，南面的这十二块太湖石犹

◎长春园海晏堂铜版画，画上可见十二兽首

如一道屏障，高低起伏，气势磅礴，拱卫寰宇。每当昆明湖湖水雾气迷漫时，一排“衙墙”隐现在虚无缥缈之间，宛如神仙所居之所，从而更加烘托出这里至高无上的神秘气息。

各具神态的十二座石峰，其下各承以不同的精美石座，恰似身怀绝技的十二名卫兵分南北两排站立在排云门前，这与排衙亲兵排列的本意相吻合。十二座石峰如同勇士般保卫着皇家禁地的安全，时刻保持警惕，毫无松懈之感，从而凸显出这座园林的威严所在。

颐和园排云门外的排衙石与圆明园海晏堂外的十二兽首功能虽不尽相同，但却有着相似的象征寓意。它们都是中国传统的十二生肖文化在皇家园林中的实物展现。十二生肖是中国传统文化中的重要组成部分，共十二种动物。在动物崇拜的原始图腾信仰影响下，十二生肖逐渐成为用来纪年、纪月、纪时的工具，从而形成十二地支，顺序排列为子鼠、丑牛、寅虎、

◎十二太湖石之鼠

◎十二太湖石之牛

◎十二太湖石之虎

◎十二太湖石之兔

◎十二太湖石之龙

◎十二太湖石之蛇

◎十二太湖石之马

◎十二太湖石之羊

◎十二太湖石之猴

◎十二太湖石之鸡

◎十二太湖石之狗

◎十二太湖石之猪

卯兔、辰龙、巳蛇、午马、未羊、申猴、酉鸡、戌狗、亥猪。

十二生肖文化的真谛究竟在何处呢？可以说，它是中国人民集体智慧的结晶，也是古人对自然现象的归纳性认识，它深深地根植于民俗文化的土壤之中，与人们的生活息息相关。十二生肖动物的特性在本质上与人类特征或者生活现象相类似，这启发了人们用包含生肖动物的惯用语来映射人类活动，表达对某些社会现象的认识。十二生肖这种颇具内涵的文化现象，其特点是以十二种动物配十二地支，以人之生年定所属动物。其实，在中国传统文化中，十二生肖文化起源很早，先秦典籍中不乏对它的记载。随着历史的发展，十二生肖文化逐渐融合到相生相克的民间习俗、观念，表现在婚姻、人生、年运等，使每一种生肖都有丰富的传说，并以此形成一种观念阐释系统，成为民间文化中独特的形象哲学。在皇家园林中以实物的形式出现十二生肖，实际上代表着皇权对大众群体的控制，同时也表现出兆民对统治者的拥护。

排云门前的十二生肖石可分为两排，北面一排从西向东依次为羊、猴、猪、马、鼠、狗，南面一排从东向西依次为鸡、牛、龙、蛇、兔、虎。在中国这个多民族的国家里，十二生肖文化不为汉族所独有，乾隆帝把这种非物质文化遗产以实物的形态放置在皇家园林之中，对于加强各个民族之间的联系，促进民族团结，有着重要意义。

颐和园云辉玉宇牌楼的北额“云辉玉宇”
指的是云霞宫殿交相辉映，
“玉宇”是以玉建成的宫殿，也就是传说中天帝居住的地方，
也就是天的中央，
又称为“紫宫”或“中宫”；
南额“星拱瑶枢”是群星环绕北极星之意，
群星环绕北极星形成拱卫之势，犹如臣下奉君一般。
站在排云殿门前向南望去就是这座云辉玉宇牌楼，
向北正是慈禧太后庆寿之所。

[第37站]

庆寿的排云殿

排云殿位于颐和园的中心区域，周围的建筑形成层层拱卫之势，它就是这座园林的“天之心，地之中”。排云殿为重檐歇山顶建筑，坐落在台基之上，殿顶铺黄色琉璃瓦，殿身绘有和玺彩绘，坐北朝南，面积 807.7 平方米，高 4.76 米，面阔五间；殿内左右横列复道连接东西配室，共二十二间，周围有廊。排云殿是在清漪园大报恩延寿寺大雄宝殿遗址上修

◎排云殿

建起来的，殿名源自“神仙排云出，但见金银台”的诗句，寓意此处为仙人所居，长生不老之地。排云殿到底有何功能呢？实际上，这里就是慈禧太后做寿时接受百官朝拜的地方。慈禧太后于光绪二十年（1894）、光绪二十三年（1897）、光绪二十八年（1902）、光绪二十九年（1903）、光绪三十年（1904）五次在颐和园举办万寿庆典。据说，她本打算将此地作为寝宫，但因佛寺旧址距佛香阁太近，才改到了乐寿堂居住。排云殿的建筑等级仅次于紫禁城的太和殿，这也是晚清的颐和园作为紫禁城“副中心”的标志之一，同时也是慈禧太后无限权力的体现。

排云殿建筑群南北共有上下三进院落，排云门内是第一进院落，中心为清漪园遗存的长方形水池，上架单孔石拱桥。

◎第一进院落

◎二宫门

◎第三进院落

桥南北向坐落，青石桥面，花岗岩桥基，雕砌栏板、望柱。水池长 25.3 米，宽 17.6 米，栏杆同桥上栏杆。它的建筑布局类似中国许多传统寺庙和宫殿，如紫禁城内的金水河与金水桥。它一方面继承了宗教与建筑的文化渊源，另一方面又满足了建筑防火的实际需求。院落东配殿名玉华，西配殿名云锦，两座配殿隔水池相望。从排云门内石桥上穿过，即到达二宫门。二宫门为歇山式黄色琉璃瓦，顶上有吻兽、仙人。二宫门是排云殿建筑群第二进院落的宫门，面阔三间，前檐有廊。宫门房檐下悬挂黑漆地金字“万寿无疆”长方木匾，楹联“宝祚无疆万年绵茀禄，天颜有喜四海庆蕃厘”。排云殿的东配殿名芳辉，西配殿名紫霄，依次是在清漪园大报恩延寿寺妙觉殿、真如殿废址上重建并更名。排云殿东侧爬山廊东接芳辉

◎ “排云殿”匾

殿，西连德辉殿；西侧爬山廊东接德辉殿，西连紫霄殿。排云殿后为第三进院落，可通过石阶直通坐落在石壁上的德辉殿，此建筑的原址是大报恩延寿寺中的多宝殿，内曾供旃檀佛。排云殿是为慈禧太后庆寿所建造，“嵩岳大云垂九如献颂，瀛洲甘雨润五色呈祥”，这副对联正是祝寿主题的点睛之笔，上联的“嵩岳”和下联的“瀛洲”相对，“嵩岳”两个字的字形中都包含“山”字，暗喻万寿山；“瀛洲”本指“一池三山”中的仙岛之一，二字都带三点水，暗喻昆明湖；“嵩岳”对“瀛洲”本质上是山水相对；“大云”对“甘雨”也是经典的云对雨；“九如”和“五色”相对，九和五为数字对，合称九五，九五乃帝王之相，代表了握有真正权力的慈禧太后；“九如”一词出自《诗经 · 小雅 · 天保》，实际上是一首反映当时统治阶级敬

◎德晖殿

天保民思想的诗；“五色”指的就是青、黄、赤、白、黑五种颜色，借指五色祥云。山水颐和园中飘着五色祥云和万千丝雨，臣子祝颂君主吉祥长寿，一派祥瑞景象。这正是此副对联呈现给大家的皇家大气与包容。

排云殿建筑群从排云门至德辉殿，南北三进山地院落，前后相差近 20 米，所有建筑均利用山体坡度自然上升的地势与开朗的空间，多层次、多角度地展现出了各自或壮丽辉煌或斗角钩心的建筑形态。

阁是类似楼房的建筑物，
供远眺、游憩、藏书和供佛之用。

发现 · 颐和园

[第38站]

统领全局的佛香阁

颐和园中的标志性建筑就是佛香阁。“佛香”二字来源于佛教，是对佛的歌颂，更是佛法无边的象征。佛香阁坐落在20米高的石造台基上，八面三层四重檐，高41米，以八根直通上下的大铁梨木为支撑，前有山门，四周有围廊。佛香阁平面呈八角形，外檐四层，内檐三层，八角攒尖顶，一层挂匾“云外天香”，二层挂匾“气象昭回”，三层挂匾“式扬风教”，四层挂额“佛香阁”。乾隆十五年(1750)，佛香阁初建的设计并非如此，而是仿江南杭州开化寺六和塔修建的一座九层的延寿塔。乾隆二十三年（1758），塔行将建成时，突发坍圮，乾隆帝下旨，把已建好的八层塔全部拆除。延寿塔拆除后不再恢复原状，而是改建成现在形制的佛香阁。木结构的佛香阁，其实就是杭州六和塔的变体，它们的外观造型与内涵意境都有着极其相似的地方。咸丰十年(1860)，佛香阁的木构部分被英法联军全部焚毁。光绪十七年(1891)，佛香阁在原址上按原样重新建造。阁仗山雄，山因阁秀，万寿山在远处西山群峰的屏障和近处玉泉山的陪衬下，小中见大，气势非凡，苍松

◎远望佛香阁

◎日落佛香阁

翠柏，秀色葱茏。佛香阁面对的昆明湖又恰到好处地把这个画面全部倒映出来，山之葱茏，水之澄碧，天光接引，令人荡气舒怀。

清漪园时期，阁内一层供千手大悲菩萨站像，二层供铜胎菩萨像，三层供旃檀古佛像。颐和园时期，阁内一层改供西天接引佛像，也就是人们熟知的阿弥陀佛，阿难、迦叶立其左右；每逢农历的初一和十五，慈禧太后就会在此烧香礼佛。“文化大革命”时期，阁内一层的泥塑贴金佛像被毁。1989年，阁内一层改供明代万历二年（1574）制铜铸金裹千手千眼南无大悲观世音菩萨站像，此铜像高5米，重万斤，足蹬九百九十九朵花瓣的九层莲花宝座，形态丰满，法相庄严，造型优雅，铸造精美，仪态万方。观世音菩萨铜像后贴挂缂丝无量寿尊佛像仿制品，原品为乾隆帝

◎观世音菩萨塑像

为其母祝寿所制造，长 7.5 米、宽 4.5 米，是目前世界上已知最大的古代缂丝作品。此外，佛香阁天井的八个立面现贴有八幅美轮美奂的《飞天仙女散花图》，每幅图下方分别绘有佛香阁、岳阳楼、黄鹤楼、滕王阁、布达拉宫、普宁寺大乘之阁、六和塔和大雁塔。

佛香阁的高度、体积与万寿山比例适度，阁仗山雄，山因阁秀，在空间上不但呼应统一了颐和园内的建筑群和水陆景点，而且在北京西北郊的湖光山色之间起到了画龙点睛的作用。登阁凭栏，气象昭回，京华胜概，尽收眼底。佛香阁在现存古代楼阁建筑中高度排名第三，连同高大的基座在内，从湖面起高达 80 余米。佛香阁作为颐和园的构图中心，具有两方面的功能：一方面，它是全园的视觉中心，并以此为依据控制全园布局，从这方面来分析，佛香阁处于被观赏的位置，因此它的高度及各景点的位置主要以视距来表示，符合人视觉特性的一系列比例关系；另一方面，佛香阁是最重要的观景场所，通过观景视觉控制全园的布局。这样，佛香阁以观景和点景的双重身份，通过视觉关系综合地控制全园的布局。佛香阁是颐和园中的标志性建筑，雄伟高大、富丽堂皇，金顶绿檐红柱在阳光的照耀下熠熠生辉。

总之，颐和园中以佛香阁为代表的景观中心，从观景与点景的视觉关系出发，构成错综复杂的视线网络。颐和园的整体布局和景点设置正是在这种无形的网络的制约下才得以形成。从表面上看，一切若似偶然，但实际上却凝聚着造园者的智慧。这也许才是乾隆帝拆塔建阁的真正原因。

在颐和园中还有一座

完全由砖石砌成的无梁殿——智慧海。

发现 · 颐和园

[第 39 站]

智慧海的奥秘

智慧海在万寿山顶的最高处，是一座宗教建筑，外形仿照木结构建筑，屋顶、斗拱、桁板等建筑构件与大木建筑外观一致。建筑围墙为须弥座式并全部用黄、绿两色琉璃瓦装饰，墙身镶嵌一千零八尊琉璃无量寿佛。建筑屋顶覆盖黄绿色琉璃瓦并间以紫、蓝诸色，形成富丽而又和谐的建筑色彩。

智慧海始建于乾隆年间，殿名源出《无量寿经》："如来

◎智慧海

智慧海，深广无涯底。”颂扬佛的智慧像大海一样，法无边际；表示理想世界中佛所修行到的最高境界。智慧海作为万寿山上最高的一处建筑，代表了现实世界中前山中轴线建筑的终结。它居高临下，四周视野开阔，站在这里能仔细地欣赏前、后山点景之间不同的建筑风格和艺术魅力，同时又能让人深入感受到充满宗教色彩的佛殿所蕴藉的神秘气氛。

乍一看智慧海无梁殿和众香界琉璃牌楼都建造在山体顶端的岩石上，而实际上众香界琉璃牌楼门前的磴道山石却是人造假山，但这假山的色泽和真山的颜色一致，就连堆叠的手法也和真山的纹理一样，浑然一体，让人分不出真假。这里的磴道山石，随山就势，给攀登者增添了无限乐趣，所以这座假山有似真实假的评价，是园林山石艺术的展现。

◎近看智慧海

智慧海是这座园林中为数不多的清漪园时期旧物，它幸运地躲过了咸丰十年（1860）那场劫难。至于为什么，主要还是因为智慧海采用中式营造砖砌拱券结构的设计。两层的智慧海坐北朝南，自地基至顶不用寸木只钉，无梁无柱，全部用砖石垒砌而成，整体为券洞为歇山样式，具有防火和防震的功能。

远观智慧海，青黄相间的琉璃装饰使它在绿树的掩映下显得格外华美。其实“众香界”牌坊北面还有三字“祇树林”，智慧海的北面也有三字“吉祥云”，这几组题字连起来读就是：“众香界，祇树林，智慧海，吉祥云。”众香界是佛教中的最高境界，意为须弥山顶的佛国之界；祇树林是古印度佛教圣地祇树给孤独园的简称，意为世间传法的佛教寺院；智慧海，

◎众香界牌楼

意为如来佛祖智慧如海，佛法无边；吉祥云取自《地藏经》中的文字“智慧音里，吉祥云中”，象征着殊胜与美好。这十二个字组成的三言佛家歇语，蕴含深深的禅意，耐人寻味。

其实，石匾上智慧海的“慧”字少了一横，吉祥云的“祥”字少了一点，这是不是乾隆帝在向后人暗示舍得之道的真谛呢？人活在世上，凡事都要看开点儿，看远点儿，看淡点儿，心胸要豁达些、大度些，要舍得放弃，正确对待自己的失去，有时失去可能是一种生活的福音，它预示着自己的另一种获得。

临水的歇山式屋顶建筑鱼藻轩坐北朝南，
是游客在流连长廊时的极佳驻足之所。
在这里向东可看波澜壮阔的昆明湖，
向南可对望南湖岛上的涵虚堂，
向西可远观玉泉山的玉峰塔及西山群峰，
向北可透过长廊的廊柱隐约管窥雄伟的万寿山。

[第40站]

鱼藻轩与王国维

鱼藻轩轩名取自《诗经·小雅·鱼藻》："鱼在在藻，有颁其首。王在在镐，岂乐饮酒。鱼在在藻，有莘其尾。王在在镐，饮酒乐岂。鱼在在藻，依于其蒲。王在在镐，有那其居。"用鱼与藻的关系比喻帝王和臣民的关系，还暗含有万物各得其所的隐意。乾隆帝也曾作诗吟咏此处"负冰初过矣，依藻又怡然。物各适其适，时未迁不迁"，意思就是万物各适其适，各得其所。

◎鱼藻轩内

今天的我们坐在高敞的鱼藻轩中，感受着山霭湖风，目澄心静，不知一切的红尘俗念可否在此全都忘却呢？

1927 年 6 月 2 日上午，王国维在鱼藻轩沉水自尽，留下遗言“五十之年，只欠一死，经此世变，义无再辱”的遗言。此举与《逸诗》中所述“鱼在在藻，厥志在饵，鲜民之生矣，不如死之久矣”暗合。王国维选在鱼藻轩自沉绝非偶然，一

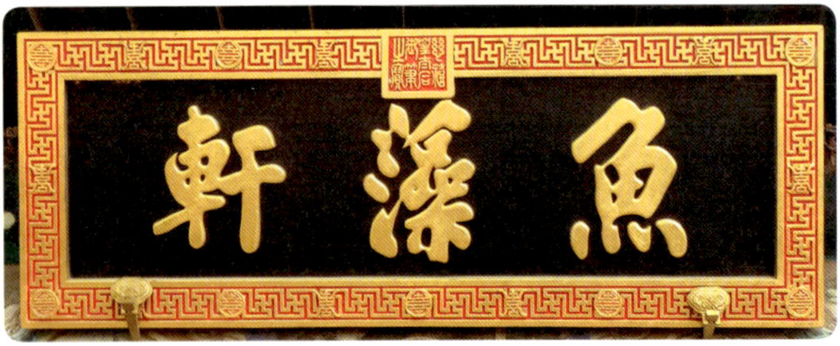

◎“鱼藻轩”匾

◎鱼藻轩借景

定是蓄思良久，寓意深远的举动。

王国维选择鱼藻轩自沉，实际上是中国传统文人理想归宿的一种表现。中国传统文人秉持水德，对水有一种特殊情结。孔子亟称于水，每见大水必观焉，并感叹曰 :“水哉，水哉！逝者如斯夫，不舍昼夜。”当他终于明白“克己复礼”无

◎王国维像

望的时候，也曾思考过自己的归宿，他说："道不行，乘桴浮于海。"屈原更是恋水，在他被放逐于蛮荒之地时，幸有汨罗之水与之相伴，并有渔翁可以唱和："沧浪之水清兮，可以濯吾缨；沧浪之水浊兮，可以濯吾足。"但他无论如何也摆脱不了心中之愤懑，"宁赴湘流，葬于江鱼之腹中。安能以皓皓之白，而蒙世俗之尘埃乎？"最终，他还是决定投身于水。南宋末年，蒙古人把南宋流亡政府逼到崖山，左丞相陆秀夫背着小皇帝从船头向海中的惊天一跳，证明了生命的价值，体现了民族气节。王国维在经历了传统沦落、文化颓败的历史变故后，毅然决然地投入昆明湖的"怀抱"也就可以理解了。

王国维所作的七古诗《颐和园词》完整阐述了清代的兴亡史，诗中对慈禧太后也多有称颂之词，同时也表现出静庵先生对清王朝统治的无限留恋。可以说，《颐和园词》就是一部晚清历史的陈述，王国维的所作所为是出于对清朝的愚忠，更是在这个特定的历史情势下对中国传统文化的殉身的表现。

山色湖光共一楼坐北朝南，
是一座八面二层三重檐的楼阁式建筑。

[第41站]

山色湖光共一楼

攒尖屋顶的山色湖光共一楼是一座三层的楼阁式建筑，每层八条脊，建筑面积207.9平方米。二层檐上悬挂乾隆帝御书“山色湖光共一楼”木匾。

该楼周围环廊，经长廊与南面的鱼藻轩相接，东临云松巢，西邻听鹂馆，北依万寿山，是位置极佳的山水观景点。无论春夏秋冬还是严寒酷暑，山色湖光共一楼都兢兢业业地站在

◎山色湖光共一楼

那里，注视着园中的一切，默默地见证着历史的变迁。身处此境可以消除杂念，体味山水中蕴含的自然之道，让人的情怀和意念变得清澄。

该楼始建于乾隆年间，光绪时重修，山色湖光共一楼七字可理解为：湖光山色，登楼而望，无限风光一览无余。它隐喻了大清王朝万里河山尽在统治者心怀的人一统思想，与“杜诗范记高千古，山色湖光共一楼”的意境相吻合。

山色湖光汇聚在此楼，映射出独特的中国山水文化。自古以来，人们认为对山水文化的最高领悟就是从“看山是山，看水是水”到“看山不是山，看水不是水”；再到“看山是山，看水是水”。今人将山水之美分为雄、奇、险、旷、幽、秀、奥。山水与文化息息相关，紧密相连。山水是文化的载体，文化

◎远观山色湖光共一楼

是山水的灵魂。

中国传统文化中的儒、道、佛哲学思想是山水文化的核心要素。儒家的“山水比德观”和道家的“道法自然观”“逍遥山水观”使人们意识到山水之中就蕴含社会伦理之法、宇宙万象之理，在对自然山水的仰观俯察中感悟到一种深沉的“宇宙意识”和“生命情怀”，达到“浑万象以冥观，兀同体于自然”的“物我两忘”的精神境界。“名山僧居多”，历代高僧大德在山林间参禅悟道。自然山水既是他们参禅的外在环境，又是他们悟道的心灵桥梁，中国山水文化融会了儒、道、佛三家之义，追求人与天地万物的同一。

山水之美具有净化人的心灵，陶冶、完善现代人格的功能。古代先贤已注意到山水审美活动与人格道德修养的契合。孔子提出“知者乐水，仁者乐山”；刘向把水的特征与人格精神相类比，说水“似德”“似仁”“似义”“似智”“似勇”“似善化”，认为自然山水与人的精神人格是相通的。古代很多先贤都以山水来寄托人生境况和胸襟怀抱。

◎云松巢

中国山水文化还集中表现了中国人敬畏自然，推崇人与自然和谐的观念。这种“敬畏自然”“山水有灵”的观念与后现代主义“把物质自然和生命融为一体”的思想不谋而合、遥相呼应，后现代宇宙观将人类作为一个生命整体，重新纳入自然中。

“渭竹环临水，岩楼出竹梢。漪澜常映带，罨黛亦兼包。了识智仁乐，宛成仲叔交。契神疑画舫，悦志即书巢。已足供吟眺，奚烦事豁庨。义经设观象，育德圣功爻。”一栋原本普通的小楼，在乾隆帝的点睛妙笔下，变得顿生光辉，意义非凡。

颐和园中共有大小不等的四处膳房。

[第42站]

听鹂馆御膳

慈禧太后的寿膳房由八个院落组成，位于德和园西侧。光绪帝的御膳房设在仁寿殿南配殿的南面。光绪十九年(1893)增建霁清轩酪膳房，专为慈禧太后制作奶酪点心。此外，为方便慈禧太后观看水师表演和赏月用膳，又在南湖岛兴建膳房一处。随着时代的发展，颐和园中的膳房也另做他用，宫廷寿膳制作技艺逐渐被冷落。1924年，陈玉山在听鹂馆开设

◎听鹂馆

万寿山食堂，让人们再次品尝到了宫廷膳食的美味。1949 年，听鹂馆开始接待国家领导人和外宾，提供餐饮服务，听鹂馆御膳成为宫廷菜的代表。自此，宫廷寿膳制作技艺又得到传承，这是颐和园非物质文化遗产的代表。

听鹂馆是颐和园长廊西段北侧一个高台阶上的一组建筑群，它正门匾上书写“金支秀华”四个大字。其东临山色湖光共一楼，南面长廊，西接石舫，北倚画中游，四周古木青翠，景色如画。听鹂馆院内有正殿、东西配殿和一个坐南朝北的两层戏楼，乾隆帝曾写诗说出此地命名的缘由：“山馆因何名听鹂？梨园兹向奉慈嬉”；再加上古人常借黄鹂鸟的鸣叫之声形容音乐的优美动听,故此得名听鹂馆。听鹂馆始建于乾隆年间，是当时园内唯一一处供帝后听戏的场所。最初，听鹂馆戏楼

◎听鹂馆戏楼

居北，殿座在南，乾隆帝曾亲自在戏楼之上为自己的母亲钮祜禄氏表演昆曲，以示孝心。由于乾隆帝的喜爱，昆曲的发展进入了全盛时期，独霸梨园。随后，清廷对昆曲剧目严格控制，对士大夫和文人恩威并施，组织御用文人编写歌颂统治阶级和麻醉人民思想的宫廷大戏，再加上昆曲自身唱念过细，表演拘谨凝滞，文辞古奥，逐渐脱离群众，最终被新兴剧种取代。遗憾的是，听鹂馆在咸丰十年（1860）被英法联军烧毁。光绪十八年（1892），慈禧太后按原样重建了这座戏台，但改变了戏台的朝向。在德和园大戏楼建成前，这里成为慈禧太后看京剧的场所。这座戏楼高两层，上层匾额“凤翔云应”，下层匾额“来云依日”。听鹂馆戏楼下层为演戏的主空间，台基高0.9米，台面宽12.4米，进深9.85米，中央建有用于升降演员和道具的“天井”，建筑面积122.14平方米，台面建筑面

◎听鹂馆菜肴

积 15.6 平方米。

本是听戏之所的听鹂馆，却阴差阳错地成为宫廷菜肴的传承地。

如今，听鹂馆厨师传承宫廷菜肴的制作技艺，以清代颐和园寿膳房的膳单和大量清宫饮食档案资料为依据，经过挖掘整理推陈出新，传承了一整套宫廷寿膳宴席及代表菜品。听鹂馆中制作的宫廷寿膳宴席种类繁多，有祝福延年益寿的“万寿无疆席”，有祝福吉祥如意的“福禄寿禧席”，有象征太平盛世的“江山万代席”，有注重营养保健养生的“延年益寿席”。此外，听鹂馆还有“吉庆有余席”“普天同乐席”以及全鹅宴、全鱼宴和各种功能不同的滋补养生药膳。

画中游建筑群由画中游、澄辉阁、爱山楼、
借秋楼及石牌坊组成，
位于万寿山前山西南坡的转折处，
占地面积约为 0.5 公顷。

[第 43 站]

画中游

画中游建筑群最南端的两层亭式敞阁名为澄辉阁，是整个建筑群的主体。此处空透开敞，东、西、南三面都可以凭栏眺望。立柱与楣子木栏杆构成一个个精致的画框，将这里的青山塔影、堤岛湖泊构入“框中”，宛若画境，深远迷蒙。澄辉阁后部的一组假山是在天然裸露山石上堆叠而成的，巧妙布置的山石与阁、游廊紧密相连，构成上下穿插的立体交通网线，

◎画中游

增加了建筑的自然情趣。澄辉阁东西两面的爬山廊依着山石向北升起，连接着两座均坐北朝南的两层楼阁，东名爱山楼、西为借秋楼。坐北朝南庑殿式顶的石牌坊位于假山之北，它小巧精致，两侧与实心砖花饰的砖墙相邻。石牌坊南面镌联“幽籁静中观水动，尘心息后觉凉来”，横额“山川映发使人应接不暇”；北面镌联“闲云归岫连峰暗，飞瀑垂空漱石凉”，横额“身所履历自欣得此奇观”。石牌楼北面就是画中游，其建筑为坐北朝南面阔三间歇山式顶。画中游东西亦各有向南的爬山廊，东连爱山楼，西接借秋楼。

出画中游后院东墙垂花门，即到达一座坐北朝南的歇山顶敞轩，名为湖山真意。湖山真意原名“清音山馆”，始建于乾隆十九年（1754），清光绪十九年（1893）重建时改为现在的式样。此建筑地处万寿山前山山脊西部端头的地形转折点，西面的梁柱正好将远处的西山、玉泉山框成一幅绝妙的风景画，湖山真意的意境尽在于此。

画中游建筑群的亭台楼阁别具一格。各建筑物之间用爬山廊连通上下，利用山形地势的高低，筑有不同高度的平台，而且建筑的不同形体相互搭配，构图极为丰富。登阁眺望园内的湖光山色，犹如置身画中。相传，这画中游是乾隆帝亲自主持设计的。据说当初乾隆帝三下江南，回到北京后便想仿照江南景致修建清漪园。他先找来工匠制作模型，可模型完成后他总觉得听鹂馆后空着块地方不合适，于是又找人设计了多种图样，但效果均不满意。这可真真愁坏了乾隆帝，他日思夜想，寝食难安。后来乾隆帝在梦中遇见一位白须老

◎借秋楼

◎爱山楼

者带二使女前来，使女手中各持一画轴，竟是两幅画着楼台亭阁的图画。乾隆帝顿感美妙绝伦，不知所措。老者索性邀请他去画中一游，他兴致勃勃地紧随赏景，边游边吟：“金山竹影几千秋，云锁高飞水自流。万里长江飘玉带，一轮明月滚金球。远至湖北三千里，近到江南十六州。美景一时观不尽，天缘有份画中游。”梦醒后，乾隆帝便把梦中所见画了出来，命内务府制成烫样，反复修改直至满意后下令修建。这就是画中游修建设计的传说。

长廊最西端的石丈亭内
藏有一块十分珍贵的太湖石峰——丈人石。
此石高 4 米，宽 1.5 米，
体态优美、
颜色青润、
厚重饱满，
堪称京城名石之精品。

[第 44 站]

丈人石的故事

乾隆帝御题诗曰："岳立真堪称丈人，莓苔烟雨渍龙鳞。元章磬折何妨癖，奚事当年白简陈。"米芾字元章，丈人石的得名来自米芾拜石的故事。

《宋史·文苑》载："知无为军……无为州治有巨石，状奇丑，芾见大喜曰：'此足以当吾拜！'具衣冠拜之，呼之为兄。"《素园石谱 · 石丈》中说："米芾知无为军，初入州廨。见，立足。

◎丈人石

颇奇曰‘此石当我拜，呼曰石丈’。”当时称石为兄、为丈都是表示对石头的特别敬重。兄丈即兄长的意思，拜丈也就是礼敬兄长、礼敬师长。古人称年长的人为丈，今日普遍以妻父为丈。米芾所拜的“石丈”高约八尺，两人合抱不及，秀、瘦、雅、透似人形，米芾每天抱笏揖拜石丈，从此拜石成为历代赏石活动的最高形式并蔚然成俗。

在北京老故事中倒是有关于此丈人石来历的传说。相传在乾隆年间，有个叫曾有的人，一生苦读，晚年得中举人，被点到了河南任知府。此公犹爱奇石收藏，在其府中藏有大量石玩，吃饭坐石凳，睡觉靠石枕，人送外号“石癫”，可见其爱石的程度。有一次他带着仆人微服私访，不知不觉，已过正午，正是人困马乏、饥饿难耐之际，恰好来到村中首户王太公家，他谎称自己是做生意之人，在王太公家讨顿饭吃。王太公十分爽快，急忙把二人让进屋去，并端上了一桌热气腾腾的饭菜。曾有饿得心慌意乱，早已忘记其知府的身份，抓起一只鸡腿便狼吞虎咽地吃了起来。突然，透过半开的花窗外的后花园，曾有的目光被吸引。只见那后院的小花园里立着一块南太湖石，石高过丈，宽数围，如一鹤发童颜的老者，慈眉善目，笑容满面地望着他。曾有一见此石，原本饥肠辘辘的感觉一下被抛到了九霄云外。他推开饭碗,健步来到后花园中，围绕此石上下观看，越看越爱，禁不住舞之蹈之，心痴神迷。他有心将此石据为己有，但又怕仗势强夺有损自己的形象，于是眉头一皱，计上心来。他对跟随他的仆人说：“快给我拿来官服！”

却说王太公的家仆们好生纳闷，心想这位爷吃着半截饭，却跑到后花园相石头，那疯劲儿怕是比咱们家太公有过之而无不及，赶紧通知了王太公。王太公来到后院，对曾有说:“客官,看来你也是个识货的,不瞒您说,这块石头是我的命根子。”曾有却佯装没听见，只是对着太湖石振振有词：“好一位石丈，好一位石丈。”一副痴癫之态。王太公又道：“客官先吃饭，吃过饭再来赏石也不迟。”曾有却如昏昏然一般，口中还是“好一位石丈”地不停念叨，对王太公的话全然不理。不一会儿，仆人为他取来了官服，曾有在众人面前不紧不慢地换上。众人一看，原来是知府大人，都愣在那里。曾有整理好衣冠，双膝跪在太湖石前:“启禀石丈，小生曾有，本府知府，一生清廉，别无它好，惟爱石如命。今日得见石丈，如拨云见日。若蒙不弃，诚愿石丈迁居小人舍，实乃三生有幸。小人当日日陪伴，夜夜敬奉。”

王太公和众多家仆这才知道，敢情这知府大人绕了半天弯，是冲他这块太湖石的。有心不给吧，又怕由此引来祸身，只好对曾有说：“既然知府大人看重此石，那便奉献与大人吧。”曾有一听这话，立刻从地上站了起来，拉着王太公的手说：“多谢了！多谢了！”从此，这块丈人石便进了曾有的宅院，曾有自然珍爱有加。

后来乾隆帝修建清漪园，各地官员全都向他争献宝物，以求获宠。曾有深知乾隆帝喜爱奇石，便亲自将此丈人石送往京师。乾隆帝见到此石，果然龙心大悦，便请工匠经过一番精心设计，将其摆放在今天的石丈亭中。这当然只是一个传说，但细细品味丈人石，也许会让我们对自然的鬼斧神工产生无比的崇拜。

古人有“园无石不雅”之说。石在园林中不仅是一种点缀和装饰，更重要的是文人赋予了它一种象征、一种精神，使它成为最基本的造园要素之一。从文人赏石，到园林置石，中国石文化源远流长，并因文人的参与而底蕴深厚。观赏石被作为真善美的象征，以物喻人，体现出中华民族特有的精神品质。这也是几千年来人们赏石情节之所在。颐和园的太湖石有着丰富的文化内涵，每峰太湖石都是一幅画、一首诗，值得我们细细品味。

舫的基本形式与真船相似，
宽丈余，
一般分为船头、中舱、尾舱三部分。

[第45站]

不系之舟

将舫的船头作成敞篷，是为了供赏景用。中舱最矮，是主要的休息、宴饮的场所；舱的两侧开长窗，坐在其中观赏可有宽广的视野。后部尾舱最高，一般为两层，下实上虚，上层状似楼阁，四面开窗以便远眺。舱顶一般作成船篷式样，首尾舱顶则为歇山式样，轻盈舒展，成为园林中的重要景观。就外观装饰上而言，舫具备了船的形象，但又没有船的摇荡

◎石舫

不安；就内在哲学上而言，舫是不系舟的象征，代表了庄子所倡导的无拘无束；就历史上而言，舫是时代的见证，演绎出值得沉思的书卷。

颐和园的石舫又名清晏舫，位于昆明湖的西北部、万寿山的西麓岸边，建于乾隆十九年（1754）。船体用巨石雕成，全长36米，船上两层为白色木结构楼房，用油漆装饰成大理石纹样，顶部有砖雕装饰，精巧华丽。乾隆帝还特意为石舫作记："余之石舫，盖筑之昆明湖中，不倚汀傍岸，虽无九成之规，而有一帆之概。弥近烟云之赏，迥远风浪之惊……"在这里，可欣赏一年四季变化的风景，品味着日出与日落。

用石头砌成的石舫，还有永不沉沦、永不腐朽的意思。乾隆帝想以此提醒后世子孙们要常存"水能载舟，亦能覆舟"

◎“清晏舫”匾

的警示，永记“得民心者得天下，失民心者失天下”的历史鉴戒。咸丰十年（1860），石舫的木质结构被英法联军烧毁，仅留下石质的船体。光绪十九年（1893）石舫重修，模仿西洋轮船的式样，把原来中式的舱楼改建成洋式的雕花屋顶，并在石舫两侧添加了两个石造的西式机轮，舫内满铺西洋地砖，门窗上镶嵌了特制的彩色玻璃，并将石舫改称为“清晏舫”。每当下雨时，落在船顶的雨水通过四角的空心柱子由船身的四个龙头排入湖中，设计巧妙。“河清海晏”天下太平的石船自光绪二十八年（1902）起成为慈禧太后的外交舞台，她曾在这里大摆筵席招待外国驻华使节等客人，以展示其个人风采和魅力，塑造良好的外交形象。

“载舟覆舟”之说最早是孔子提出的。鲁哀公把晚年的孔子视为国老，十分尊重，经常向孔子请教、咨询各种各样的问题。有一天他虔诚地询问孔子：“寡人出生在深宫之中，在妇女圈子里长大，寡人从不知道什么是悲哀，什么是忧愁，什

◎石舫与倒影

么是劳苦，什么是恐惧，什么是危险。寡人想找到解决这些问题的办法。”孔子听罢，对鲁哀公的系列问题耐心地一一作了回答。最后孔子说：“我听说过，君主就像船，而老百姓则像水。水既能浮载起船，也能使船倾覆。君主由此想到危险，那危险的感觉怎么不会到来呢！君主关心的是自己的江山社稷，政权有倾覆之危，如何能令他不战战兢兢。”颐和园中的石舫的含义，就是对儒家思想中关于危机文化的传承和展示。

秀丽风景

苏州街原称买卖街，
始建于乾隆年间，
是颐和园前身清漪园中以街市为主题的一处景观，
咸丰十年（1860）被英法联军烧毁。

[第46站]

苏州“商业”街

慈禧太后重修颐和园时，因财力枯竭，买卖街和后山的其他建筑未能恢复。一百多年来，这里残基柱础，断墙颓岸，风浸雨蚀，草木丛生。直到1990年，苏州街才重见曙光，这是中华人民共和国成立以来在帝国主义焚劫的废墟中复建的第一个大规模的完整景区。

颐和园管理处为恢复苏州街的原貌，经过文物、历史、园林、建筑、旅游等专家的多方论证，对总体设计提出了“不增不减，不扩不缩，不改不移”的十二字方针。在复建过程中，查阅了清朝内务府的黄册、图卷等档案资料，认真勘测、验证了遗址上的尺寸和位置，参照18世纪的中国商业店铺建筑情况，在原来的房基柱础上进行复建，这才有了我们今天看到的这条买卖街。

从史料上看，起初的清漪园全部景点中并没有买卖街这组建筑，那为什么清漪园建成近二十年之后会出现这条买卖街呢？

据记载，历史上乾隆帝曾六次南巡，前四次他都带着母亲一同前往。乾隆三十年（1765），也就是清漪园建成之后，他随口说道：“皇太后年事已高，已不能舟车劳顿到江浙一带游玩。”大臣们听罢便上奏折表示应在京内营造一条水街方便供太后游赏。于是，乾隆帝假借大臣之意，下令在清漪园后山的峡谷间仿苏州一河两街的式样，增建了一条买卖街。实际上，这一切都是因为乾隆帝非常留恋江南水乡中的商肆景象。在他看来，宫苑虽好，但缺少别致的乡间情趣；园林虽美，但缺少百业竞争的生活气息。宫中建市，建筑真做，买卖假做，太监充当老板、伙计，宫女扮作民妇，帝后嫔妃乘舟于水上，买些“商品”，以体验民间生活的乐趣。清漪园买卖街的建造，是对社会客观环境所作的模仿；但其模仿的对象不是江南秀美的山水风景，而是具有浓郁生活气息的市井街巷。在清宫档案中，买卖街的全名为“万寿买卖街铺面房”。

在宫中建街设市是皇家园林中的传统组成部分，此举可以上溯到公元前8世纪的春秋时期。清漪园修建时正值康乾盛世，此时营造园林也达到了登峰造极的地步。当时皇家园

◎苏州街

林内的商业街市就有好几条，如圆明园舍卫城附近的买卖街，畅春园的苏州街，等等。但它们都未能完全展示江南水乡街市的风貌，难以体现出江南水乡街市的气氛。而我们今天看

到的这条苏州街，是皇家园林中最大、最有价值的一条买卖街。它依山临水，又得到花草树木的衬托，自有一番景色。

苏州街位于后湖中段、长桥两侧的岸边，以东部的“寅辉”

城关和西部的“通云”城关互为起止，弯转曲折300余米。买卖街以水当街，沿岸作市，用八座桥梁连成一体，那东西城关外的隔桥景色，幽静宜人，如诗如画；那街内的满目风情，浸透着南国水乡的神韵。买卖街的正南方是一组四大部洲寺庙群，形成了“以庙带市”的传统商业模式。这里的庙是高原风光西藏的庙，市是水乡情趣江南的街。这种高原风貌和水乡情趣相融合的园林景观在现存的古典园林中具有无可比拟的艺术价值。

苏州街内有牌楼、牌坊等形式的铺面六十四座，这里还有会仙居酒馆、揽涛楼茶馆、登云斋鞋店、伟仪号帽店等老字号店铺，清代社会上的各行各业在这里几乎应有尽有。此外，苏州街还设有两处钱庄，游客们可以到这里兑换铜钱和元宝，用于在街内购买从苏州运回来的特色商品，从而使游客能够亲身体验到18世纪中叶的中国百姓如何逛街、购物的情境。中国古代的商业铺面建筑有着丰富多彩的内容和形式，这里金字招牌上的铺名、字号都严格按照档案中记载的命名。店铺内的陈设、商品、铺面悬挂的招幌及服务人员的服饰都以历史和民俗为依据。苏州街充分展示了清朝中叶商业街市的风貌，同时也反映了当时宫廷和世俗的商业文化。

苏州街中最为著名的建筑嘉荫轩高居西北岸北面的山坡上，与绘芳堂、金粟山房南北相望，是苏州街后山中一处以古槐命名的点景建筑。清漪园时期，嘉荫轩内家具陈设以紫檀木器为主，间有西洋风格。此处可以观赏后山、后湖的风景。坐在轩西面的小楼上，透过竹帘，远眺玉峰塔影，近瞰绿水潆洄，舳舻相望，一派旖旎的江南水乡风光。绘芳堂是清漪园时期的早期建筑，楼内陈设木器多采用紫檀精心制作，有书桌、宝座、照背、绣墩、翘头案、琴桌等。乾隆帝的御制诗中称绘芳堂为“书堂”，说它是“山阴佳处”，是欣赏“大块假文章，兼复假图画”的好地方。这里的“假文章”说的是绘芳堂周围的四季景色，而“假图画”说的是绘芳堂下面的买卖街。绘芳堂西侧为金粟山房，是苏州街中的点景建筑，乾隆帝游览买卖街时常到此休憩。

金粟山在陕西省蒲城县，名出自“山有碎石，若金粟然”。唐玄宗生前因睹其“冈峦有龙盘凤翔之势”，死后便葬于此地，曰泰陵。乾隆帝依据房屋南面山体的自然形状有“龙盘凤翔之势”和“金粟之状”，引经据典将此建筑取名“金粟山房”。再者，金粟山的名称隐含着“金粟如来”的宗教典故；金粟如来是佛名，即维摩诘大士。乾隆帝《赋得金粟山》诗中有：“金粟如来影，春山太古禅”的句子，将房前的山体喻为金粟如来佛。

妙觉寺在苏州街嘉荫轩东面的山顶上，是颐和园中最小的一座寺庙。妙觉是佛家语，谓佛果的无上正觉，可以理解为最高尚的觉悟境界。花神庙在妙觉寺东侧，内供奉花神。妙觉寺和花神庙均为颐和园时期的建筑。

漫步在苏州街各具特色的店铺之间，凭窗而坐，点一杯清茶，喝两碗老酒；乘舟荡漾在后溪河上，看着身着古装的老板和伙计们忙碌的身影，聆听着悠扬婉转的苏州评弹伴着河中的摇橹声，街内的叫卖声，再加上山上林中的鸟鸣蝉唱，游人已恍入清朝中叶的商业街市，产生一种返璞归真之感。

寺庙建筑香岩宗印之阁，
俗称后大庙，
它是颐和园内最大的一座佛殿。

发现·颐和园

[第47站]

真实的佛国世界——四大部洲

二百多年前，乾隆帝在平定了准噶尔的叛乱之后，出于政治的需要派了两名大臣率测工、画工专程到西藏测绘藏式庙宇，他们回来之后，便在颐和园的后山修建了这组四大部洲建筑群，而香岩宗印之阁就是它的中心所在。

香岩宗印之阁原为三层楼阁，十分宏伟壮观，集中国汉、藏及印度三种建筑形式为一体，因此又被称为三样楼。殿中

◎霞帔西牛贺洲

原供奉了一尊四十二臂铜胎观音菩萨站像，可惜于咸丰十年（1860）被英法联军烧毁。光绪十四年（1888），慈禧太后下谕旨让光绪帝重新修建这座殿。颐和园是慈禧太后挪用海军经费修建的，但当修到后山时，已经没有那么多的资金了，所以就把原来的三层楼阁建成了现在的一层，并且又把前山原大报恩延寿寺内的三世佛和十八罗汉迁移到这里供奉。

香岩宗印之阁的周围还有“四大部洲”“八小部洲”，日台、月台及青、红、白、绿四座塔台，一共十九座建筑组成的汉藏交融的建筑群，统称四大部洲。这里的四大部洲又分别是东胜神洲、西牛贺洲、南瞻部洲、北俱芦洲。四大部洲的方位是以佛的坐向而定的，它的东、南、西、北与我们自然界的方向是相反的，所以东胜神洲建在阁的西面，形状是个半圆形；西牛贺洲建在阁的东面，形状是椭圆形；北俱芦洲建在阁的

◎梵塔

后面，它的形状是平面方形；那么南赡部洲就是北面的这座小殿，原为三角形的建筑，光绪年间修建时，改成了山门殿，现在里面供奉着两位泥塑的哼、哈二将像。再往北还可以看到一大片遗址空地——须弥灵境址，它是清漪园时期的一座最大的佛殿，宽 50 多米；遗憾的是，咸丰十年（1860）它被英法联军烧毁，至今未能恢复。

乾隆帝在《御制万寿山大报恩延寿寺碑记》中记述："山居昆明湖之阳，加号曰万寿，创建梵宫，命之曰大报恩延寿寺，殿宇千楹，浮屠九级……以兹寺为乐林，为香国……"碑文似乎在表明：乾隆帝要把清漪园（颐和园）建成规模宏大的梵土佛国。乾隆帝在《御制喇嘛说》碑中更明确地指出："盖中外黄教，总司以此二人（达赖、班禅），各部蒙古一心归之。兴黄教，即所以曳蒙古，所系非小，故不可不保护之，而非若元朝之曲庇番僧也。"乾隆帝统一新疆后，对厄鲁特蒙古同样采取"因其教不易其俗"的政策，叫作"绥靖荒服，柔怀远人"。清建立政权后，在对边疆地区少数民族的统治上主要采取"恩威并施"和"剿抚并用"的方法，这是清政府民族政策的基本原则。为团结西藏、青海、蒙古、新疆等地少数民族（尤其是蒙古族），采用"以俗习为治"的政策，对藏传佛教持尊崇态度，从而达到了"绥靖蒙古"的目的，使蒙古各部对朝廷"畏威怀德，弭首帖伏"，将蒙古建成"塞上雄藩"。乾隆帝在清漪园（颐和园）修建的四大部洲不仅成为清王朝推行"以佛教化天下"的统治政策的见证，同时也成为汉藏民族文化大融合的见证。四大部洲在建筑形制上采取汉、藏结合的形式，北半部须弥灵境为汉式佛教寺院，南半部香岩宗印之阁是仿照西藏的桑耶寺修建的，具有藏式山地寺院的特点。在修建过程中，将

◎释迦牟尼涅槃塑像

藏式的盲窗、大红台、四色喇嘛塔与汉式的宫殿建筑紧密结合，同时在寓意佛教世界观的宗教建筑中融入王权的思想。外檐上的彩绘使用和玺彩绘与六字真言相结合，完美地将汉族文化和藏族文化融为一体。

佛教的创始人乔达摩·悉达多（释迦牟尼）出生在尼泊尔蓝毗尼的园林之中，他与中国孔子所生活的时代大体相同。他主张人人生而平等，同情不幸、受苦的人，宣扬因果报应。佛教的园林之美存在于佛经中所描述的佛国世界。一般认为世俗众生居住的地方是“秽土”，诸佛居住的世界是“净土”。“佛国净土”中的国土由黄金铺成，一切器具都是由无量杂宝、百千种香共同合成，到处都是莲花飘香，鸟鸣雅音，在那里众生没有任何痛苦，享受着无限的欢乐。四大部洲就是神秘的佛国世界在帝王园林中的真实展现。

站在四大部洲用心体味着佛家“八苦”（生苦、老苦、病苦、死苦、爱别离苦、怨憎会苦、求不得苦、五阴炽盛苦），“四圣谛”（苦谛、集谛、灭谛、道谛），“十二因缘”（无明、行、识、

◎雨润梵音

名色、六入、触、受、爱、取、有、生、老死）等重要思想，也许顿悟时刻就会不期而至。其实，佛家思想的核心就是“苦与苦的止息”，正是“苦”这个支点，巧妙地撬开了宇宙世界的真相。在“苦”的止息处，宇宙的真相全然清晰，人生的意义显露无遗，社会问题、个人问题都得到解决。

花承阁位于万寿山后山东部，
三面环翠，
半隐于苍松古柏中，
由莲座盘云佛殿、多宝琉璃塔、花承阁和六兼斋组成，
本是一组小园林与佛寺混合的建筑群。

发现 · 颐和园

[第48站]

多宝琉璃塔

花承阁一面居山，近可瞰楼台，远可眺西山。莲座盘云佛殿坐南朝北，硬山式屋顶，面阔三间，前后有廊；佛殿北面的一层平台上过去曾经对称建造硬山顶东、西配殿，各三间。此外，平台的外缘还建有半月形弧廊三十七间，其东端连六兼斋，西端接花承阁。

花承阁面阔三间，是一座从西面看为两层、东面看为一

◎花承阁

层的楼阁，建造手法与谐趣园内的瞩新楼异曲同工。六兼斋是乾隆帝根据王勃《滕王阁序》中“四美具（良辰、美景、赏心、乐事），二难并（贤主、嘉宾）”之句，延伸其意而命名的建筑，是说此书斋既具“四美”，又兼“二难”。乾隆帝曾为六兼斋赋诗数首，其中最为著名的一首写道：“湖山雅号赏心主，风月堪称乐事宾。若问六兼斋好处，率逢美景与良辰。”遗憾的是，这些建筑已经不复存在了。

花承阁遗址唯一完整遗留下来的便是这尊多宝琉璃塔和那块记载这段历史的石刻御碑了。

多宝琉璃塔是北京现存的琉璃塔中造型最优美、颜色最丰富的一座，是清代琉璃塔中的精品，具有极高的观赏价值。这座塔建于乾隆十六年（1751），是乾隆帝为庆祝皇太后六十寿辰而建造的。塔为楼阁式与密檐式相结合，塔身呈不等边的八角形，上下共分为七级，通高16米。整座塔身用黄、绿、青、蓝、紫五色琉璃砖镶嵌而成。塔身坐南向北，在塔的四周砌有红色围墙。院门朝北，门口树立一座木结构琉璃瓦顶的牌坊。整座塔的底座为一层汉白玉雕成的须弥座，须弥座上雕刻着精美的图案花纹。在须弥座的正中，坐落着塔身。塔身的一层、三层、五层比较高大，为楼阁式；而二层、四层、六层和七层的塔身却比较矮小，好似双重檐的楼阁。在楼阁式塔身的北面、东面、南面和西面，正中各设有一个拱券形佛龛，在佛龛中放置有结跏趺坐式琉璃佛像。在大佛龛的周围和塔身的另外四面，布满了一排排的小型佛龛，龛中塑有坐式佛像，共有五百八十尊。这三层塔身上的佛像，均为金黄色琉璃砖镶砌，佛龛中佛像的背后为绿色。塔身的转角柱第一层为金黄色，第二层为紫色，第三层为蓝色，均用琉璃瓦砌成。

◎多宝琉璃塔

◎仰看多宝琉璃塔

在塔身的上面安置有琉璃砖仿木式斗拱，承托着塔檐。每层塔檐的颜色各不相同，第一层为金黄色，第二层为绿色，第三层为紫色，第四层为青色，第五层为蓝色，第六层为青色，最顶上一层为金黄色。在塔檐的角下，各悬挂一枚铜铃。在楼阁式塔身的四周，围有镂空琉璃组成的护栏。塔顶上置有宝座，四周悬有一圈铜铃，上面是铃铎式刹身，再上面为刹顶。整座塔刹均由铜制成，并镀金。

俗语道："救人一命，胜造七级浮屠。"这里的"七级浮屠"指的就是七层佛塔。"多宝"又为何物呢？实际上，"多宝"就是多宝佛的简称，他是佛教中过去世东方宝净世界的教主。据说，多宝佛塔还可以分身为成千上万个，只要听到有人在说《法华经》时，就立即从他面前的地面涌出。"多宝佛塔颂"

文中用“恒河沙”来比喻多宝佛塔分身的数目。恒河是印度最著名的河流，河底的积沙特别多，释迦牟尼就常在恒河流域说法讲经。所以，涌出的多宝佛塔就像恒河中的沙子一样，多得数不清。

塔下侧立的石碑矗立在雕有“卍”字花纹的八角长方形须弥座上，用满、蒙、汉、藏四种文字镌刻乾隆帝的《御制万寿山多宝佛塔颂》:“万寿山阴花承阁西，五色琉璃合成宝塔，八面七层高五丈余，黄碧彩翠，错落相间。飞栏宝铎，层层周缀。榱桀户牖，不施寸木。黄金为顶，玉石为台。千佛瑞相，一一具足。坐莲花座，现宝塔中。轮相庄严，凌虚标胜。用稽释典，名曰多宝佛塔。偈以颂之。颂曰：佛前七宝塔，高五百由旬。涌出虚空中，种种宝庄校，多摩罗跋香，天曼陀罗华。以是为供养，时出大音声，赞叹佛妙法。人天千万亿，怪得未曾有。佛告大乐说，乃过去东方，无量僧祇劫，有佛号多宝，时作大誓愿，说法华经者，我当为证明。若在在处处，有说法华者，宝塔皆涌出，分身无量佛，如恒河沙数。善哉世尊言，此塔随处现，恒河沙国土，千万亿菩萨，充满于其中。今此宝净地，释迦牟尼佛，来此分半座，愿以神通力，接引诸大众，皆在虚空中。善哉世尊言，妙不可思议。是山即耆崛，清净极安乐，白毫光一照，宝塔随涌现。当未现塔时，多宝佛何在？宝塔忽涌现，金身在其中。一佛一宝塔，光满三千界。一塔千亿佛，神妙复如是。了了见十方，宝树与宝衣。无量亿宝物，充牣于其中。以是供养佛，而得大法喜。今多所众生，安乐普利益。般若金刚身，寿量千万亿。种诸福德本，大慈悲愿力。成就是功德，现此宝塔故。”

霁清轩位于颐和园的东北角，
谐趣园之北，
始建于乾隆十九年（1754），
是乾隆帝利用万寿山的余脉
因地制宜建造的一座别具一格的小园林。

[第49站]

霁清轩杂记

嘉庆十六年（1811），嘉庆帝在改建谐趣园的同时，于霁清轩园外的山麓添建了军机处等院落，为其处理政务提供方便。光绪十七年（1891）重修时，慈禧太后在园内增建了酪膳房，专门制作奶酪点心。满族原是游牧民族，对奶制品有特殊的喜好，霁清轩就成了慈禧太后品尝“奶饽饽”的地方。园内一角有棵高大的老桑树，据说这株树结出的桑椹有延年益寿

◎霁清轩

的功效，每当桑树结果时，慈禧太后就会来这里享用桑椹蜜膏。霁清轩给慈禧太后提供如此丰富的美食，由此可见这里是晚清皇室非常青睐并经常游赏的地方。整座园林由霁清轩、清琴峡、四方亭等主要建筑组成，共有两进院落，地方虽小，却别有洞天。顺着爬山廊漫步园中，也许会感受到“凭轩聊纵目，徒倚堪怡情”的园林意境。

此园以山景取胜，南面空间狭小，北面则空旷开朗。建筑拥山而建，游廊由南逆时针向东北环绕，山涧溪水自西南向东北流出园外。利用居高临下的山势，依次布置了山谷、溪流、廊亭、松树，利用“借景”的手法还把园墙外的村落、远山等自然景色收入园中，极大地丰富了园林空间。

“霁”字为雨过天晴之意。每当雨雪过后，乾隆帝来园中

◎四方亭

赏景，都要到这个小园子里转转。试想在二百六十多年前，春雨初晴，夕阳斜洒，苍松翠柏挑枝拦路，松枝上那颗颗雨滴反射出七彩的光泽，石阶上的苔藓现出青绿色，嫩芽根边初露，湿润的空气伴着花香扑面而来。这大好美景令乾隆帝流连忘返，吟诗题咏："春月居然喜霁清，可知春雨称人情。"

雪后初晴来到霁清轩，则是另一番景色，雪压松柏枝摇欲坠，山石嶙峋银装素裹，一脉石阶循溪而上，三两屐履又访伊人。乾隆帝在雪后即兴作过这样的诗："雪后天色澄，霁清真霁清。北山几千迭，一律玉崚嶒。浮来寒气嫩，铺出润泽平……"

假山上的四方亭牡丹图案、井字天花、苏式彩画、金砖地、梅花方柱青石方柱础，铺砌青石阶条石台基，四周堆砌黄石，云步踏跺台阶。它的建筑形式与装饰风格在园中极为少见。此亭高居山岩之上，可以远眺田园景色，俯听溪流清韵，几棵巨大的古松环抱四周，是园中一处位置极佳的观景场所。

四方亭对面的建筑叫"清琴峡"，坐西朝东，面阔三间，灰瓦卷棚，原是一座前后穿堂式的建筑。光绪帝重修时改为面东开门带前檐廊的硬山式样。清琴峡因水景而得名，而水景形成有赖于殿前的巨石。这天然巨石是万寿山东北角延伸出的余脉，如斧刃劈削，粗犷有力，与地平面形成约 45 度的斜坡，形成天然的峡谷。造园者利用此处独特的地形，将后溪河的河水引到此处，穿过清琴峡三间殿流出，再顺着巨石形成的峡谷流出园外，溪流在巨石上流淌产生清音如琴，极其动听。可见，霁清轩中谓琴之地，其意倒并不在真实的抚操，而是意在琴外，在耳，更在心。"琴声"绕梁，不但可以解忧，更可以助景娱情。乾隆帝当年常流连其间，赋诗题咏以抒情怀："引水出石峡，挹之若清泉。峡即琴之桐，水即琴之弦。"

巨石前面就是院落主休建筑霁清轩，它是颐和园内唯一一处保留海墁彩画的院落。海墁彩画是整座建筑包括连檐、椽望、上架大木和下架大木装修在内遍绘一种纹饰的彩画，一般遍绘斑竹、爬蔓花卉、流云纹等几类。霁清轩正殿是一座面阔三间的灰瓦卷棚歇山建筑，其上遍绘藤萝彩绘，从远处看雕梁画栋，有很好的装饰效果。尽管装饰数量众多，几乎

◎海墁彩画

遍布整座建筑，但由于其主要采用白、黄、绿三色，与建筑本身的底色相契合，所以并无繁杂之感，反而提升了霁清轩的隽秀之境；而这檐、柱上绘制的绿底藤萝花，更能让人在闷热的夏天感受到一丝清凉。

1948 年夏天，沈从文和杨振声教授曾在颐和园霁清轩居住。沈从文先生在避暑中创作出了《霁清轩杂记》。他与朋友们大谈颐和园的历史和掌故，漫谈这里的建筑、景致，如流水中的鱼、颐和园的两个老住户、几种鸟虫的叫声……1947 年，他曾经在此消夏，一年后重临旧地，熟悉感油然而生，心境好像也从容起来，散漫地说起园子的种种。虽然不过是一个短暂歇身之处，却自成丘壑，自有分量，仿佛与外面的世界远远地隔开了。

©霁清初雪

昆明湖后湖又称后溪河，
从万寿山西麓尽头处的荇桥开始，
沿着万寿山的北坡绵延，
水面狭长，时宽时窄，时直时曲；
依次可见绮望轩、看云起时、苏州街、澹宁堂、
眺远斋等点景建筑，
最后清流婉转，直达万寿山东部的谐趣园，
全长约 1000 米。

发现·颐和园

[第50站]

韵味后溪河

沿水俯视后溪河清波的是两岸的垂柳和应时、应节的山花。分布在后溪河两岸的建筑因水相隔，彼此呼应，在深邃曲折的园林空间里创造出极其深远、不可穷尽的艺术境界。此处景色与前山迥然不同，这里隐入苍松翠柏的浓荫之中，偶尔露出飞檐一角，逗引人寻找它的所在。后河南岸的山形地貌是在真山的基础上，利用开挖后河的泥土，经过人工艺

◎后溪河

术处理堆叠而成；北岸连绵起伏的假山则完全是人工的作品。两山之间夹带一条蜿蜒曲折的河流，为后山园林的总体布局注入了活力。

绮望轩立于后溪河南岸峡口假山石堆之上、异峰怪石之间，北临后溪河，东、西、南三面环山，是一处南北环境迥异的“园中之园”。看云起时在后溪河北岸，与绮望轩隔水相峙，互为对景。建筑面阔三间，立于青石垒起的山峰之上，前檐廊连接着两翼对称的四方观景亭，两亭既是眺望后山、后河景色的最佳视点，又是后河东面买卖街的借景。从苏州街嘉荫轩西望，后溪河两岸峭壁上的亭台楼阁映衬在西山玉峰宝塔下，“断岸千尺，江流有声”，景观层次分明。绮望轩和看云起时均为清漪园时期建筑，咸丰十年 (1860)，这两处景观毁于

◎泛舟后溪河

◎澹宁堂

英法联军之火，至今未能复建。现残垣断壁之中仅有殿基、石洞、假山古树、花式瓦墙及精雕细刻的汉白玉栏板遗存。

澹宁堂三面依山，一面近水，是一组由两进山地院落构成的全封闭式的园林建筑。澹宁堂的名称出自《诸葛亮 · 诫子书》:“非澹泊无以明志，非宁静无以致远。”澹宁堂原建筑群始于乾隆十九年（1754），咸丰十年(1860)被毁，光绪帝修建颐和园时未予复建该堂，仅在南面入口处建三间敞厅门，门内残存山石墙垣树木，任其颓塌荒芜。随着时光的流逝，其建筑基址渐告湮没。1994年4月至1996年9月，颐和园管理处根据复建总体规划，自筹资金复建了澹宁堂。

诸葛亮的《诫子书》不仅影响了无数的仁人志士，而且深刻影响了清朝的几代帝王。这种影响不仅体现在他们的学习、生活和管理国家的实践中，还体现在皇家园林的设计和

◎眺远斋

建造中。畅春园中的“澹宁居”、圆明园中的“澹泊宁静”、长春园中的“澹怀堂”、承德避暑山庄中的“澹泊敬诚”等均是其精神的体现。

眺远斋位于后溪河东端北岸，建筑坐南朝北，四周出廊，由于地基较高，可以眺望园外村庄的景色。每年的农历四月初八，慈禧太后登临此处观看民间的香会，爬山廊与眺远斋相互连接之地嘉木树庭就是她的方便之所。

颐和园将前湖湖水引入后河，增加了后山的高度和后河的纵深感，为后山、后河分区造景提供了必要的条件。后河的开发既满足了两岸建筑的造景要求，也改变了后山枯燥单调的气候与环境；树木花草受其滋润而更加繁茂，点景建筑因水衬托而妩媚多彩。

谐趣园位于万寿山东麓山坡脚下，
是一座以水为中心的园中之园。

[第51站]

园中之园——谐趣园

乾隆帝南巡的时候驻跸江苏惠山寄畅园，并命随侍的如意馆供奉（画师）把园中著名景物绘集成册。把这些“美景”带回北京后，乾隆帝仔细挑选其中中意之处，模仿、创建了这座园中之园，并取名为“惠山园”。乾隆帝为什么对此情有独钟呢？这里面其实是有一段故事的。

清朝初年，康熙帝每次南巡都要在江苏无锡的“惠山寿

◎谐趣园

氏园”小住几日，康熙帝对这里的景致十分钟爱，因而亲题园额并为其赐名“寄畅园”。此后，这座寄畅园就成了康熙帝南巡的必到之处。之后，乾隆帝多次追寻祖先的足迹，索性把康熙帝钟爱的园林搬回了京城。乾隆帝的生母钮祜禄氏曾随雍正帝南巡，得以亲见“寄畅园”的胜美，等儿子弘历做了皇帝后，她就命儿子在万寿山东麓仿建了一处。可以说，这是乾隆帝修建惠山园的又一个原因。

清漪园时代的惠山园有八景之说，乾隆帝也先后多次题诗纪胜。这八景为：载时堂、墨妙轩、就云楼、澹碧斋、水乐

◎湛清轩

亭、知鱼桥、寻诗迳、涵光洞。嘉庆十六年（1811），嘉庆帝把园中的载时堂改名为知春堂，墨妙轩改名为湛清轩，就云楼改名为瞩新楼，水乐亭改名为饮绿亭，澹碧斋改名为澄爽斋，在水池正北面添建涵远堂，取“以物外之静趣，谐寸田之中和”之意，将园名改为谐趣园。

林徽因去世后，梁思成曾在二层的瞩新楼居住，疗养身心。瞩新楼原名就云楼，设计颇具匠心，巧妙利用园内外山体的自然落差所构筑。从园内望去是两层小楼，但在园外看则变成了一层。这种依山顺势、因地制宜的营造手法是古人巧于因借、追求至美的精彩诠释。楼前就是后湖到谐趣园的引水出口，这是一条天然与人工相间的山间小溪，水穿过廊底流入池中，声如琴音，故名“玉琴峡”，与前面所说霁清轩中的“清琴峡”有异曲同工之妙。

面阔五间、四周出廊的歇山大殿涵远堂是嘉庆帝重修时添建的。“西岭烟霞生袖底，东洲云海落樽前。”坐在涵远堂内，可以俯拾万寿山夕阳凝紫的烟霞，吐纳东方苍茫无际的云海。

在翠竹掩映下的那处建筑叫“湛清轩”,乾隆时期名为“墨妙轩”。当年，轩内贮藏《三希堂法帖》续摹石刻。乾隆十七年（1752），乾隆帝从内府所藏中挑选出唐朝褚遂良至明朝文徵明等人的行草各体书法作品，复命人编校并钩摹刻石，嵌于墨妙轩内的廊壁间。石刻摹勒精细,神韵优于《三希堂法帖》,乾隆帝非常喜爱，令工匠细心拓印，装裱成册，分赐王公大臣，并命名为《墨妙轩法帖》。遗憾的是，英法联军一把大火将其毁于一旦，珍贵的法帖从此不知去向，只有一块烧裂的诗碑空卧在重建后的湛清轩内，供后人凭吊。

兰亭为光绪时期重建谐趣园时增建的建筑，寻诗迳石碑在增建兰亭后移入亭内。石碑背面是乾隆帝在乾隆十九年（1754）所作的一首五言八句律诗:“岩壑有奇趣，烟云无尽藏。石栏遮曲迳，春水漾方塘。新会忽于此，幽寻每异常。自然成迴句，底用锦为囊。”可谓诗文、书法俱佳。

兰亭实为兰亭修禊盛会的象征。魏晋时期，社会动荡影响了思想解放和文化学术的繁荣，寄情山水和避世隐逸成为社会风尚，山水诗文大量涌现于诗坛。文人名流经常聚会的一些近郊的风景游览地具有了最早的公共园林性质，成为千古韵事。修禊是源于周代的一种古老习俗，农历三月上旬，人们相约到水边沐浴，借以除灾去邪，后来演变为文人饮酒

©小有天亭

赋诗的集会。兰亭修禊的召集人则是东晋名士、大书法家王羲之。东晋永和九年三月初三，王羲之与名士谢安、孙绰等四十一人在会稽山阴的兰亭溪水边，做流觞曲水之戏。各人坐于弯曲的小溪旁边，借着弯转的溪水，以觞盛酒，将盛满美酒的觞置于水上，使其顺流而下；酒觞停于某人之前，他就必须即席赋诗。众人一边喝酒一边作诗，也发表一些议论。大家即兴写下了许多诗篇，编成《兰亭集》，王羲之为其书写的《兰亭集序》也成为千古不朽之作。这篇序文不仅文采灿烂，书法更是气势飘逸，被后世推为“天下第一行书”。

小有天亭据说是颐和园三十多座亭中最小的一座，其后的假山中深藏着一个古洞，洞门上假山石额镌刻着“云窦”二字，是慈禧太后御笔所书，示意这里已是云雾山中藏云入洞的神仙洞府。乾隆帝每次踏游寻诗迳，必至涵光洞。从乾隆十九年至乾隆六十年（1754—1795），他先后写下十六首关于涵光洞的诗。不知游人观赏着眼前这如峰似嶂的叠山时，是否有种置身江南灵隐飞来峰的境界呢？其实，这是个假洞，无洞可入，这种“作假成真，实中有虚”的造园手法，正体现出中国园林“虽由人作、宛自天开”的造园思想。

知春堂乾隆时期名为“载时堂”，是仿无锡寄畅园的“嘉树堂”建造的。乾隆帝有诗云：“云水相澄上下鲜，坐来惟爱于芸编。流阴每拟惜陶侃，仰止兼因溯史迁。”可见，当时的载时堂应为书房，是个读经论史的地方。嘉庆十六年（1811），载时堂改名知春堂，嘉庆帝曾在这里召见过军机大臣和重要将领。

从园林分类上讲，谐趣园属于水景园。水多桥必多，这座占地数亩的小园就有桥五座，而且没有一座重样，其中最

◎知春堂

有名的要数这座知鱼桥了。小桥桥面贴水，与杭州西湖的花港观鱼异曲同工。这桥名来源于战国时期哲学家庄子和惠子的一次有趣的辩论。庄子说："你看，鱼在水中来去从容，游得多快乐呀。"惠子反问道:"你不是鱼，怎么知道鱼快乐呢？"庄子也反问道："你不是我，怎么知道我不知道鱼快乐呢？"乾隆帝在诗中对庄惠之间的辩论有自己的看法："久议惠庄多费辞，鱼乎子者究为谁？不如桥上观而乐，万物由其付自知。"享受眼前的景色难道不比费尽心神的哲学思辨来得更有趣、更生动吗？

谐趣园虽小，但是亭、台、楼、榭、轩、廊建筑类型齐全，错落有致，小巧精美，它们分别有着不同的外观、结构和功能。所有建筑和百间游廊全部环池临水展开。游廊上绘有几百幅苏式彩画，是 20 世纪六七十年代由中国一批身怀绝技的工匠亲自执笔所画，园中不少彩画都堪称中国彩画的精品。谐趣园现存的彩画大部分在 2006 年修复过，较好地保持了清朝晚期苏式彩画的风格。

洗秋和饮绿两座敞轩是夏天纳凉的极佳之地。“洗秋”的意思是：秋天的美景仿佛刚刚被梳洗过；而“饮绿”的意思是：饮酒于青山绿水的美景之中。据说，慈禧太后常常与宫女们一起在这里钓鱼；为了讨慈禧太后欢心，太监总管李莲英总会命令一个小太监事先带一些鱼跳到水里，藏在这两个亭子

◎知鱼桥

◎园中园

的下面，只要慈禧太后一开始钓鱼，小太监就会把一条鱼挂在她的鱼钩上，慈禧太后理所当然地成为第一个钓到鱼的人。

人们都说谐趣园四时有景，妙趣横生。那么谐趣园的“八趣”究竟在何处呢？其实前七个“趣”文中都已提到，那就是桥趣、书趣、楼趣、仿趣、水趣、石趣、廊趣。这最后一趣是什么呢？

仲夏时节，池中荷叶田田，粉红玉白的花朵随风摇曳，香气袭人，成群结队的鱼儿悠闲地漫游其间，呈现出一派安详与宁静。到了秋天，池水凝碧，曲栏水榭倒映水中，绿柳青蒲相映入画，给人以无尽的遐思。进入冬天，池水凝胶，白雪压满枝头，廊檐一片银装，又别有一番情趣。来年春日，若是再来这里，看到的将是一池春水波平如镜，最先吐出嫩芽的柳枝，向人们报告春天的讯息。这就是园中的“时”趣。一年的春夏秋冬，四季有景。谐趣园四季景色的变化，各具特色，与众不同。

总之，谐趣园的整体设计体现出在变化中求统一的美学思想。谐趣园是颐和园的园中之园，对全园起着“以小衬大”的作用，同时又使自身在全园中显得很精致，形成一个完整的小天地。在这个小天地里，有山有水，轩、堂、亭、榭，一应俱全，再加上“三步一曲，五步一折”的游廊，更将湖岸的建筑连成一个和谐的整体。

益寿堂位于万寿山东麓的半山坡上，
始建于光绪年间，
是一处由松春斋正殿、配殿、耳房、
垂花门组成的典型的北方四合院式建筑。

[第52站]

不寻常的益寿堂

益寿堂本是慈禧太后在游赏其西侧景福阁后用膳、更衣及休息的场所，环境极其幽静，也有传说这里是宫廷御医在皇家园林中的供职之地。

“益”字的本意为水漫出器皿的意思，引申为增加之意；“寿”字的含义就是长命，活得长久。“益寿”，顾名思义，就是延年益寿。长寿是人类一直关注的话题，也是生命科学一

◎益寿堂

直探索的课题。这就不难理解，益寿为什么会成为慈禧太后最喜闻乐见的词语了。紫禁城储秀宫中就有殿堂名叫“益寿斋”，慈禧太后在那里生下了同治帝载淳。母以子为贵，因此她十分留恋那里。光绪十年（1884），慈禧太后曾搬回储秀宫居住，并在那里隆重举办了五十大寿，也许颐和园益寿堂最后

◎松春斋

的命名与此有着千丝万缕的关系。

其实，益寿堂这组建筑就是增加寿命之地的意思。松春斋更是此处的点睛之笔，寓意像松柏那样呈现春的色泽的园地，堂中有斋，层层深入“寿”字的精髓，别有一番意境。益寿堂西南紧邻青石叠起的假山，整组建筑半隐在凹凸的山体后面，以一条弯曲的小路绕过半遮的山体和茂密的花木，通向院落的入口处。益寿堂以幽邃为基调,采用隐藏的建筑手法,以独立的小院为形式，借助地势与周围环境相辅相成，空间效果幽邃而不闭塞。在堆石的掩映中，益寿堂恰似仙境中的楼阁，以其独特的魅力吸引着过往的游客。

1949 年 1 月 20 日，北平军事管制委员会决定接管颐和园。当时的北平市长、市军管会主任叶剑英在颐和园南湖岛上设立了指挥部，并住进了益寿堂。1949 年 1 月 31 日，平津战役结束，北平和平解放。3 月 23 日，毛泽东离开西柏坡，前往北平。

◎松春斋匾

3月25日清晨，毛泽东在北平清华园站下了火车，直接前往颐和园。入园后，毛泽东等人先来到益寿堂休息，生火炉取暖，并简单在此吃了一顿饭。在很多人的回忆录里都记述过当晚，毛泽东还曾代表中国共产党在颐和园设宴，宴请从全国各地赶赴北平的民主人士。毛泽东、刘少奇、周恩来、朱德、李维汉与柳亚子、黄炎培、沈钧儒、马叙伦等人曾在此共商国是。

1949年4月，柳亚子移居益寿堂；5月1日，毛泽东携夫人江青亲至益寿堂看望柳亚子，共同乘船游览昆明湖的景色。在这个重要的历史时期，毛泽东与柳亚子之间的诗词唱和令人难忘。柳亚子的《七律·感事呈毛主席》向毛泽东诉说了心中的苦闷，毛泽东以《七律·和柳亚子先生》劝慰其心，这正是中国共产党人与民主党派人士之间深厚情谊的真实写照。

历史是一部最好的教科书，益寿堂也在此，见证了中国共产党的历史时刻。

景福阁的前世今生正是盛世园林兴衰的完美展现。

[第53站]

景福阁的前世今生

万寿山东麓的景福阁地势居高临下，东、南、北三面具有很好的视野，可眺望东部园外的圆明三园至畅春园一带的园林区，与西北郊园林相互呼应，在彼此资借的关系中占据着重要位置。景福阁的前身是一座名叫昙花阁的佛楼，乾隆十九年（1754）修建。昙花阁的平面呈六角形，象征昙花盛开时的六朵花瓣；立面为两层楼阁，重檐攒尖琉璃瓦顶，檐口下有垂莲柱的装饰。

清漪园时期的昙花阁所展示的是一种新奇的建筑形式，丰富了园林建筑造型。从平面图上看它呈六角形，其周边环绕六座牌楼，牌楼之间以番草纹宇墙相连，转折处设有上置佛堂、

◎景福阁

◎昙花阁旧照

嘛呢杆的八方须弥座六座。这种环形中心集中式构图是佛教曼荼罗图式的再现，凸显了佛教这一主题。宇墙上的番草纹、须弥座上的佛堂、嘛呢杆和飘扬的经幡，以及昙花的题名无不在强化此处的宗教山林气象。昙花阁为重檐三层建筑，二层可登临，有回廊，适宜远眺，向南俯瞰昆明湖中十七孔桥、南湖岛，昙花的题名除其宗教意义外，登高远眺的美景也从另外一个角度呼应了昙花的优美。

咸丰十年（1860），象征佛教祥瑞、灵异之意的昙花阁被英法联军焚毁。光绪十八年（1892），慈禧太后在昙花阁遗址上改建景福阁，两层的佛楼变成了一层的园林建筑。改建后的木结构建筑虽然变低，但由于景福阁所处的万寿山地势高敞，因此没有影响其作为“点景”或“观景”的效果。在颐和园整体景观布局中，景福阁是万寿山东部的构景中心，与山下的大戏楼、文昌阁同处于一条轴线。我们站在景福阁内依旧可向东欣赏圆明园、畅春园的园林风貌，向南可饱览昆明湖中的长桥、秀岛和楼船。

景福阁这组建筑由样式雷家族的雷廷昌负责重修设计，当时还留下了两个未实施的方案。

方案一：延续了原来的星形平面，阁由三层改为一层，周边的宇墙、栅栏门、须弥座等延续了勘测时的格局和样式。

方案二：较方案一更为简化，周边仅保留了宇墙，栅栏门、须弥座均消失。对比清漪园时期的昙花阁可以看出，颐和园重修时计划延续原有新奇的建筑造型，但由于经济实力有限，不得不一再简化，最终完全放弃星形平面，改建为一座单层三卷歇山的景福阁。

景福乃洪福、大福之意。在建筑上，景福阁在十字形平面的外围保留了昙花阁时期宇墙的设置，格局从星形转化成与新平面相呼应的十字形，具有浓厚宗教气氛的须弥座、嘛呢杆被取消，宇墙上的番草纹也被改成与景福主题一致的“卍”字纹。重修后的景福阁是慈禧太后比较喜欢的景点之一，因距其寝宫乐寿堂较近，她便常在此用餐、娱乐。景福阁虽然仍保留了原来“阁”的类名，但建筑仅有一层，没有了阁在传统意义上的空间意向，与周边的景观呼应关系也未能得到延续。

慈禧太后听政后的闲暇时常在此处远眺，观赏月色；此时，景福阁檐廊内满缀各式各样的宫灯，远远望去这里灿若繁星。如逢雨时，慈禧太后必至阁内观赏雨中湖面空蒙、水天一色的美妙佳境，并在阁内传膳筵宴，尽享四面云山、无边烟树的雨景之乐。

◎设计方案图一

◎设计方案图二

◎透花观阁

1949 年初，叶剑英与傅作义和平解放北平的谈判两次在景福阁进行。按照中国共产党与国民党签订的《关于北平和平解放问题的协议书》规定，双方派人成立联合办事处。2 月 1 日上午 10 时 30 分，联合办事处在景福阁内召开第二次会议，详细商讨了双方部队换防、交接等具体事宜。一系列的政治活动，使景福阁成为北平和平解放的历史见证和具有特殊意义的纪念场所。

道家思想起始于春秋末期的老子。
“人法地，地法天，天法道，道法自然”
是老子的核心哲学思想。

[第 54 站]

“紫气东来”的“道”

老子认为，“道”是宇宙的本原和普遍规律，后来庄子继承并发展了老子“道法自然”的思想，以自然为宗，强调无为。他认为自然界本身是最美的，即“天地有大美而不言”。在老庄看来，大自然的真谛在于它最充分、最完全地体现了这种“无为而不为”的“道”，大自然本身并不是去追求什么，但它却在无形中造就了万物的一切。

◎老子像

◎庄子像

老子所说的“无为而无不为”，意思是说：只要不妄为就没有什么事情是做不成的。这里，“无为”乃是一种立身处世的态度和方法，“无不为”是指不妄为所产生的效果。老子还曾谈道，“为无为，则无不治”；意思是说，以“无为”的态度去对待社会人生，就没有做不到和办不好的事情。因此，老子所讲的“无为”并不是消极等待、毫无作为，而是“为无为”“为而不恃”“为而不争”，即以“无为”的态度去“为”，去发挥人的主观能动性。

紫气东来城关始建于乾隆年间，坐落于颐和园万寿山东麓，峙于两峰之间。上有长方形重檐城楼，歇山式二重檐顶，面阔一间，阁楼四周有刻花青砖砌成的城垛，周围有廊。关上有双层阁。城台与山坡相连接，是万寿山东部景区和后溪河景区的必经关卡。南侧城额“紫气东来”，取老子出函谷关的典故。传说在周朝时，函谷关令尹喜善观天象，能辨凶吉。一日，他发现东方天空突然涌出一片紫色云霞，形状奇异，有如龙蛇遨游太空。他认为这是祥瑞之气，必有真人将至，后果然有圣人老子骑青牛而至并作书《道德经》。因此，后人便以“紫气东来”表示祥瑞。紫气东来城关隐喻着老子之典，更是道家思想在颐和园中的真实展现。

老子，姓李名耳，字聃，华夏族，楚国苦县厉乡曲仁里人（今河南省鹿邑地区），大约生活在公元前 571 年至 471 年之间，他是中国古代伟大的哲学家和思想家，道家学派的创始人。《道德经》记录了老子的学说。庄子名周，字子休，战国时期宋国蒙人（今河南省商丘市东北梁园区蒙墙寺一带），老子哲学思想的继承者和发展者，先秦庄子学派的创始人。后世将他与老子并称为“老庄”，他们的哲学被称为“老庄哲学”。《庄子》便是庄周及其后学者的著作集。

道家“天人合一”的思想主要是追求人与自然的和谐。在道家来看，天是自然，人是自然的一部分。颐和园的造景虽然取材于自然山水，但并不

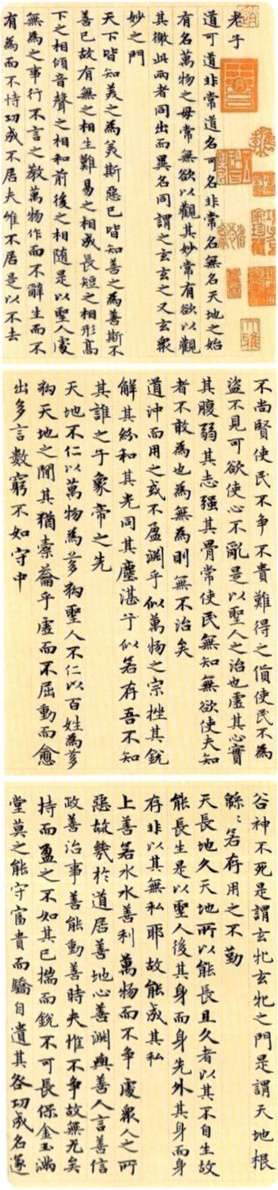

◎元 赵孟頫《道德经》

机械模仿，而是集天下名山胜水，加以高度概括和提炼，集锦绣中华于一园。颐和园追求“虽由人作，宛自天开”，把“本于自然，高于自然”作为创作主旨，通过对山、水、植被、建筑四大园林构景要素的搭配布局，达到人工与自然“天人合一”的境界。颐和园在创作的过程中高度重视人与自然的亲和，以表现山水景色的天然之美为主，使游人触景生情，达到情景交融的意境。

移天缩地，在于君怀，人世之外，别开幻境，人们在有限的园林中得以领略无限的空间。虽身处园中，却似在真实自然的山山水水之中，使得“修竹数竿，石笋数尺”而“风中雨中有声，日中月中有影，诗中酒中有情，闲中闷中有伴”。从观赏落霞孤鹜、秋水长天而进入“天高地回，觉宇宙之无穷”的幻境；从“衔远山，吞长江，浩浩荡荡，横无际涯”的意境中升华为“先天下之忧而忧，后天下之乐而乐”的崇高思想境界，这就是中国传统艺术所追求的最高境界：从有限到无限，再由无限而归于有限，达到物我两忘、自我感情和意趣的自然抒发。

颐和园中的知鱼桥位于谐趣园内的水面东南岸，是一座桥身贴近水面的七孔石平桥，桥名源于庄子和惠子在濠上一段是否知道鱼的快乐的辩论。庄子在辩论中体现出他是能够“与天地精神相往来”的大智者，思想超然物外，天人合一。

颐和园讲究可游可居，一个“游”字正道出了颐和园空间艺术的精髓。中国园林艺术使人不但认识到对象的美，而且能够进而与其合一，相互亲近、顾念、抚爱，与其共生共息。在这样的空间中，宇宙与人是和谐一体的，所谓“天地与我并生，而万物与我为一”，正是道家思想中庄子的逍遥游境界。

◎紫气东来城关

在庄子眼中，客观现实中的一事一物，包括人类本身都是对立而又相互依存的，这就没有绝对的自由，要想无所依凭就得无己。因而，他希望一切顺乎自然、超脱于现实，否定人在社会生活中的主观能动作用，把人类的生活与万物的生存看作一体；提倡不滞于物，追求无条件的精神自由。前文所述的颐和园画中游的命名就源于此，那里地势高敞、视野宽广，既可观景，又可得景，漫步期间或许会有逍遥的感受。

道家思想摆脱儒家思想，直接从天道运行的原理入手，开启了顺其自然和无为而治的“道”的哲学。颐和园是统治者的世外桃源，更是他们的壶中天地。

西堤整体南北走向，
它与西面的玉泉山及西山群峰融合在一起，
从而使颐和园有限的空间在视觉上被无限增大。

[第55站]

西堤六桥

春天的西堤柳条吐绿、桃花绽红，一条色彩缤纷的长堤展现在游人面前，犹如画境一般。掩映在湖光山色中的西堤六桥，仿照杭州苏堤六桥建造，由北而南依次为界湖桥、豳风桥、玉带桥、镜桥、练桥、柳桥，在练桥和柳桥之间，还有一座玲珑精致的景明楼。

界湖桥在西堤最北端，为西堤从北往南的第一座桥，在

◎西堤

清漪园时期被称作柳桥。“着个轻舠弄拍浮，漾沿直到柳桥头。漫漫晴落谢家雪，却似山阴访戴游。”乾隆帝的这首诗道出了柳桥分界昆明湖内外湖与后溪河湖水的功能，这也可能是光绪时期此桥改名的原因之一。

豳风桥在界湖桥南，是西堤从北至南的第二座桥，建筑为屋桥形式。清漪园时，此桥名桑苧桥，桥西有耕织图、蚕神庙、织染局、络丝房、水村居等颇具江南水乡风韵的田园村舍，与桥的名称十分贴切。光绪十二年（1886），慈禧太后在被英法联军焚毁的桥址上重建桑苧桥，因桑苧音同“丧主”，桥名中的“苧”字又与咸丰帝的名字奕詝同音，于是便沿用桑苧桥的原意,改桥名为豳风桥。豳风是《诗经》中《豳风·七月》里描写西周时期豳地（今陕西省彬县）百姓农耕蚕桑等生产生活的诗歌，诗中反映的劳动场景与豳风桥西面耕织图中水乡泽国、男耕女织的表现内容十分吻合。

◎界湖桥

◎豳风桥

◎镜桥

玉带桥是西堤从北至南的第三座桥，也是西堤上最负盛名的一座桥梁。它始建于乾隆十五年（1750），样式为高拱形单孔石桥，桥身采用汉白玉和青白石两种石料精雕细刻而成，桥体拱高而薄，形如古人佩饰的玉带。半圆形的玉带桥与水中的倒影衔接在一起，构成一个完整的圆形。在这一实一虚之间，会使人产生无限的畅想。站在高高矗立的桥头，凭栏而望，碧波荡漾的昆明湖就如巨幅画卷展现在眼前，让人襟怀顿觉开阔。

镜桥是西堤从北至南的第四座桥。过玉带桥南行，堤岸由宽渐窄，西堤的走向也由西南折向东南方向而去。行至镜桥处，内湖与小西湖隔堤相映，两边湖水好似硕大无比的镜子，桥亭倩影分入水中，其情其景自有其妙。从东堤上观望，镜桥位于西堤中部，其八面玲珑的姿态既宜于观赏周围的景致，又营造出有别于其他桥梁的艺术个性。镜桥的名称，巧借唐朝诗人李白“两水夹明镜，双桥落彩虹”的意境。古人常常用镜子、鉴来形容宁静的湖水。《庄子 · 德充符》中曾经引述孔子的话：“人莫鉴于流水而鉴于止水，唯止能止众止。”这是因为，水只有在安静的状态下，才能够映照周边的景物。反之，如果是狂风大作、波摇浪滚，水中的倒影就一定会变得支离破碎，无法看清。

练桥是西堤从北至南的第五座桥。桥名取意南朝谢朓《晚登三山还望京邑》的诗句：“余霞散成绮，澄江静如练。”练是指漂白的布帛，形容此处湖水清净如练。练桥西面的湖水中大面积种植的荷花，颇有“接天莲叶无穷碧，映日荷花别样红”的意境。

柳桥在西堤的最南端，是西堤从北至南的第六座桥。由于处于昆明湖内、外湖的分界处，因此在清漪园时期被称作界湖桥。柳桥为屋桥形式，桥名取自白居易《三月三日祓禊洛滨》中的“柳桥晴有絮，沙路润无泥”一句，这首诗叙述了上巳节那天白居易和几个朋友带着歌伎在洛水乘舟游览，饮酒赋诗，欢歌曼舞、纵情自晨至夜的经历。柳桥隐匿在西堤的团团绿柳叶之间，在青山白云衬托下与玉泉宝塔交相辉映，与诗的意境极为贴切。乾隆帝为此桥作诗：“水周堂畔舣轻舻，便可登舟畅浦娱。既以清闲揽景绘，亦因余兴补吟觚。堤长横亘东西界，桥六首分内外湖。而我农桑为要务，先从耕织阅佳图。”全诗生动而清晰地描绘了西堤和堤上的六座桥将昆明湖分为内湖和外湖的特点，更道出了以农桑为本的治国方略。

◎柳桥

造型别致的景明楼位于昆明湖西堤南部，为昆明湖和万寿山相均衡的一个支点。

[第56站]

至若春和景明

景明楼整组建筑由均为两层歇山顶的一座主楼和两座配楼组成，前后临水，视野开阔，是当年帝后们游乐、观鱼、赏景的最佳处。乾隆帝曾经常到这里赏景赋诗或荡舟观楼，共为景明楼赋诗十七首。景明楼楼名出自北宋范仲淹《岳阳楼记》中“春和景明，波澜不惊，上下天光，一碧万顷”的文句，但此楼的建筑形式并非模仿岳阳楼，而是按照元朝赵子昂所绘《荷亭纳凉图》中的画境进行创造的。乾隆帝《景明楼观荷》一诗中“名称借得范家记，景概移来赵氏图”即是此意。

景明楼正楼位于建筑群的中间，坐西朝东，建筑面积321.24平方米，为二层建筑，前后有廊。正南北各有形制相同的配楼一座，坐西朝东，建筑面积均为264.73平方米，高3.26米，面阔三间，廊深1.3米。景明楼始建于乾隆十八年（1753），原建筑形式为四面抱厦正楼三间、配楼两座各面阔三间，穿堂殿五间、抱厦殿五间、净房两间、方亭两座、游廊六十六间。乾隆二十五年（1760）续添昆明湖西岸，在景明楼南北加堆山石泊岸。乾隆三十八年（1773）维修正楼及西配楼。遗憾的是，清漪园被毁后，因清廷财力不足，原景明楼年久失修坍塌，直到1992年景明楼才在原基址上复建。

《岳阳楼记》是范仲淹应好友巴陵郡太守滕子京之请，在北宋庆历六年（1046）九月十五日为重修岳阳楼写的记。滕子京因被诬陷擅动官钱而被贬，范仲淹正是借作记之机，含蓄规劝他要“不以物喜，不以己悲”，试图以自己“先天下之忧而忧，后天下之乐而乐”的济世情怀和乐观精神感染老友。这是本文命意之所在，也决定了文章叙议结合的风格。《岳阳楼记》超越了单纯描写山水楼观的狭境，将自然界的晦明变化、风雨阴晴和“迁客骚人”的“览物之情”结合起来，从而将全文的重心放到了纵议政治理想方面，扩大了文章的境

◎远观景明楼

◎景明楼

◎宋 佚名 荷亭纳凉图

界。乾隆帝正因这个缘故才选择这篇文章的开篇为此楼命名，圆明园四十景之一“上下天光”的命名亦是如此。

造境与写意、诗意话与书法化在《荷亭纳凉图》中得到了充分的调和与融洽，尽显“古意”之美。乾隆帝自诩诗书画三绝，可是遇到了赵孟頫，就知道什么叫“山外有山，人外有人”了。乾隆帝一生都在以赵字为摹本，从年少起就开始练习。乾隆帝对赵孟頫的书画更是有着疯狂的喜爱，但凡收集的赵孟頫作品有空白处，他总会设法留下一点儿“足迹”。在他亲自设计的园林杰作之中，模仿赵孟頫山水意境进行实地创作也就不足为奇了。

景明楼晨沐朝晖，晚浴霞彩；山自西来，水往东流；景色空明，四时各异；可谓春来桃红柳绿，入夏荷影摇红，晚秋碧水蓝天，深冬白雪环抱。站在景明楼远望，佛香阁、玉峰塔遥相呼应，十七孔桥长链卧波和左右双湖明镜横亘眼前。这里令人心旷神怡，宛若身处仙苑之中。

农业是中国传统社会中最主要的生产部门，
它以耕织为核心。
百姓为求生存，
日夜操劳为此。
统治者为了江山的长治久安，
也不遗余力地推广农业为本的理念。

[第57站]

耕织图与水操学堂的交融

耕织图位于昆明湖玉带桥的西北，从南到北由澄鲜堂、玉河斋、延赏斋、蚕神庙、织染局及水村居组成，深入景区依旧可以看到水操学堂的部分建筑。整个景区地域开阔，建筑风格相对朴素。

清代顺治到乾隆初年，当朝统治者曾先后在西苑、承德避暑山庄以及圆明园等地设置了不少具有耕织内容、意在重

◎耕织图景区

农观稼并表率天下的景观。这为清漪园耕织图景区的建立积累了丰富的经验。

乾隆十五年（1750），乾隆帝开始兴建清漪园，利用昆明湖与玉泉山之间稻田水网密布、景色酷似江南的自然环境条件，因地制宜，修建了耕织图景区，并将宫廷织染机构——内务府织染局迁至于此，为这片秀美淳朴的山水田园景观注入了艺术气息和人文内容。耕夫织妇劳作的真实景象与廊壁间的《耕织图》石刻交相辉映，轧轧机杼声与船橹声互相应答，稻田、桑林、织房、农舍参差错落……耕织图集景观游赏、耕织生产与国本宣教三者于一体，是古代皇家园林中艺术化表现农事景观的造极之作。乾隆帝赋诗道："北屏万寿南明湖，

◎清帝织图

◎清帝耕图

就中最胜耕织图。”他视耕织图为整个园林中最精彩的一景。遗憾的是，随着清王朝的衰败，这里逐渐荒芜。光绪十二年（1886），清政府开始在耕织图的废墟上兴建昆明湖水操内外学堂。昆明湖水操内外学堂是近代中国特殊历史条件下的产物。可以说，这是中国最早创办的近代军事教育机构之一，反映了清朝部分较有远见的王公大臣引进西方军事科技、经武强军的强烈愿望。其实，它更与颐和园的重建有着直接的关联，是清廷动用海军力量修建颐和园的手段之一。但是，腐朽的封建专制政治体制严重扭曲了这所学堂的近代军事教育性质，为其打上了为宫廷享乐服务的浓重色彩。在某种程度上，昆明湖水操内外学堂堪称中国近代海军事业乃至近代中国悲剧性命运的象征。

光绪帝的生父醇亲王爱新觉罗·奕譞于光绪十一年（1885）受命组建海军衙门，光绪十二年（1886）在接手总理海军事务大臣后代表朝廷赴天津第一次检阅正式成军的北洋水师。新式海军的威力显然给这位王爷留下了深刻印象，北洋水师掌握在汉人手中的现状也引发了他的丝丝忧虑。经过深思熟虑和积极策划之后，奕譞终于在当年的9月14日给慈禧太后上了一道奏折，建议恢复在昆明湖操办水军演习的旧制。（“查健锐营、外火器营本有昆明湖水操之例，后经裁撤。相应请旨仍复旧制，改隶神机营、海军衙门会同经理……”）

奕譞在这里提到的“昆明湖水操之例”，是始于乾隆十六年（1751）的昆明湖水上操演。据说，那时的乾隆帝每年都要在昆明湖上以八旗特种部队“健锐营”中的船营习演水战，参加水战的还有天津、福建各水师营选送的教习、水手百余名、战船十多艘，带有一定的军事操演和政治象征意义。

◎耕织图景区中的昆仑石碑

令人没有想到的是，在奕譞上奏的当天，慈禧太后便迅速采纳了他的建议，并且发布了赞同的懿旨。为什么慈禧太后在对待这样一件事上会如此快速地批复？是事先就进行过充分的沟通，还是他们彼此有着什么默契？在开办“昆明湖水操内外学堂”这件事的背后，究竟有什么利益能让慈禧太后如此动心？答案只有一个：慈禧太后想在京师西北郊修建颐养天年之所。这才是她多年来的夙愿。

其实，奕譞建议恢复的“昆明湖水操旧制”和开办“昆明湖水操内外学堂”与李鸿章所倡导的引进“西学”和以巩固海防为办学宗旨的新式海军学堂的性质有着根本不同。从后来发生的一系列事实来看，这只不过是奕譞凭借其丰富的政治经验，在对慈禧太后心思准确揣摩后的一场精心策划而已。

就慈禧太后而言，她最看重的是能够借着开办“昆明湖水操内外学堂”的名义，尽快实现她在同治年间就想重修西北郊园林的目的。这才是她如此“高效率”的实质！慈禧太后借助奕譞掌管的海军衙门，挪用北洋海军巨额经费，终于实现了她多年前的园林梦。虽然没能全面修复清漪园，但她终为将其主体部分改建成了适宜居住的颐和园，目的还是达到了。而与这座园林的庞大规模相比，为本应专门用于培养海军将领的“昆明湖水操内外学堂”拨款反而成了陪衬。

“杰阁凌云久渺茫，邱墟宛峙水中央。敝垣腾础踪犹识，斩棘披榛兴亦狂。未觌蓬瀛仙万里，已成缧绁法三章。从来蜃气惊涛幻，每断风帆过客肠。”这首醇亲王奕譞的诗作或许道出了他作为光绪帝生父的哀愁和无奈。同治帝打算重修圆明园时，他曾不遗余力地反对;而慈禧太后打算重修清漪园时，他的态度竟是支持。同是重修园林为慈禧太后建造“颐养天年”之所，他的前后主张却大相径庭，这也许就是人的私心在作怪吧。在他的主持下,清漪园脱离了内务府奉宸院的管理,改名后的这座园林成为海军衙门的直属机构。

在昆明湖水操内外学堂被裁撤后的百余年中，该区域的功能和隶属几经变更：为学校，为机关，为工厂，为生活区大杂院，景观风貌丧失殆尽。为了维护世界文化遗产的历史完整性与真实性，1998 年底，北京市颐和园管理处收回此地，经过严格的规划设计、专家论证、政府部门审批及三年的紧张施工，一处融合了清漪园耕织图景观风貌和颐和园昆明湖水操内外学堂建筑遗存的景区终于在废墟瓦砾中展现在世人面前。作为北京市爱国主义教育基地的耕织图,以其独特的资源,

茶

诉说着那段令人回味的历史。目前，耕织图正在展示颐和园石作文物的精华所在，包括柱础、石额、石座、夹杆石、栏杆、露天陈设石座类。总的来说，颐和园清代皇家园林石作文物造型精美、雕工卓越、纹饰齐全、寓意丰富，是晚清中国装饰艺术的典型代表，体现了中国古代的匠人精神。

◎水村居

知春亭是一座重檐攒尖顶四方亭，
坐落在紧邻昆明湖东岸的小岛上。

[第 58 站]

东堤沿景

知春亭原建筑始建于乾隆二十五年（1760），所在的岛四围环水，与岸隔绝。光绪十九年（1893）重建知春亭时，为方便慈禧太后上岛游览，特意在亭的东面添建了一座平桥，使原来的湖心小岛与湖的东岸相连成现在的形式。告诉大家一个公开的秘密，知春亭是饱览万寿山昆明湖全景和玉泉山西山借景最好的陆路观景点。

◎远望东堤

东堤北端的文昌阁是一座城关式建筑。文昌即文昌帝君，为道教神名。在园林的原始设计中，万寿山西麓的宿云檐城关供奉关圣帝君，东面的文昌阁供奉文昌帝君，取文武辅政的寓意。文昌阁的北侧有耶律楚材祠及其家族墓地和文昌院博物馆。耶律楚材做过元朝的宰相，是历史名臣，死后按其遗愿迁葬在“玉泉东瓮山之阳”。乾隆帝修造清漪园时，将墓地圈入了园内，重新为耶律楚材修建祠堂，塑造金身。1998 年，颐和园在建文物库馆地下施工中发现了耶律家族墓地，从而证明了《中书令耶律公神道碑》中文字的可靠性。现在的文昌院博物馆收藏着颐和园近四万件可移动文物，驻足在这里品赏这些珍贵的文玩，不知不觉中仿佛梦回清朝。

东堤自文昌阁至绣漪桥长约 2000 米，园林修建前因位于畅春园之西被称为西堤，乾隆十四年（1749）挖湖时将其改做昆明湖的东堤，矗立在新建宫门旁的昆仑石记载着这段历史。

◎昆明湖东堤观日落

东堤选用黄土、白灰、糯米浆以及碎石块修造，堤岸的挡水石用长条状的豆渣石由湖底向上垂直而砌，每层条石之间的缝隙处都凿以石槽榫，中间用铁锭嵌扣，石条之间相互咬合，坚固异常。乾隆四十七年（1782），在东堤中部建造了这条堤上唯一的一座泄水闸口，水闸由前闸、后桥两部分组成，位于湖堤岸边砌成八字形分水式暗洞并安设水闸。当闸板提起后，湖水导入两孔石桥下面流向园外。因水闸有两道出水孔，所以人们便形象地将其称为“二龙闸”。二龙闸可以泄洪、调节水位的高低、灌溉园外的稻田，同时还可为圆明园、畅春园提供园林用水。

昆明湖东堤上的昆仑石碑碑身四面刻有九首乾隆帝御制诗，东侧为《西堤》七律一首，西侧为《昆明湖上作》七律一首，南侧为《昆明湖上作》七绝四首，北侧为《玉河泛舟三首》七绝三首。其中《西堤》诗最为著名，交代了从瓮山泊到昆明湖的堤岸变迁。“西堤此日是东堤，名象何曾定可稽？展拓湖光

千顷碧，卫临墙影一痕齐。刺波生意出新芷，踏波忘机起野鹥。堤与墙间惜弃地，引流种稻看连畦。”疏浚后的昆明湖湖面向东拓展直抵万寿山东南面的一条南北走向的旧堤，利用浚湖土方堆叠、改造万寿山东半部的山形，保留原东岸上的龙王庙，成为湖中的一个大岛——南湖岛。这条旧堤原来是康熙时为防卫地势较低的畅春园免受西湖水患泛滥而修筑的，因其在该园的西面故名为“西堤”。昆明湖往东拓展之后就利用这条旧堤加固、改造成为湖东岸的大堤，改名“东堤”。于是，西堤便成了东堤。

新建宫门位于沿东堤修建的园墙中部，他是颐和园时期修建的一座规格较小的园门。清漪园时期，昆明湖东、南、西三面不设园墙，以深广的昆明湖水作为皇家园林的天然屏障，园外自然的田园风光与园内金碧辉煌的亭台楼阁交相辉映，浑然一体。昆明湖的堤岸上由护园的兵丁巡视看守，但普通百姓可沿岸观赏禁苑春色。光绪十七年（1891），慈禧太后修建颐和园时，在昆明湖东、南、西三面加砌了围墙，从此有了这座宫门。

铜牛为青铜铸造，放置在白玉雕琢的海波纹椭圆形须弥石座之上，头朝西北，两角直立，体态与真牛相似。铜牛铸造于乾隆二十年（1755），牛背上铸篆文乾隆帝御笔《金牛铭》："夏禹治河，铁牛传颂。义重安澜，后人景从。制寓刚戊，象取厚坤。蛟龙远避，讵数鼍鼋。潆此昆明，潴流万顷。金写神牛，用镇悠永。巴邱淮水，共贯同条。人称汉武，我慕唐尧。瑞应之符，逮于西海。敬兹降祥，乾隆乙亥。"

中国历史上以牛当神镇压水患的事例屡见不鲜。传说大禹治水时，每竣工一处，就铸造一只铁牛沉入水底，好让水不扬波，河道永固。汉武帝建造昆明池，在池岸边按照"左牵牛，右织女"的布局，竖立了牛郎织女的石雕像，将昆明池比喻为天上的银河。唐朝以后，镇水神牛始放置堤岸，成为治水的惯例。

廓如亭在十七孔桥东端，俗称八方亭，它是颐和园四十多座亭子中最大的一座，在中国同类的园林建筑中也是最大的一座亭式建筑。全亭体态舒展稳重，气势雄浑，与十七孔桥及南湖岛在空间上互相映衬，搭配得天衣无缝。廓如亭始建于乾隆十七年（1752），当时的东堤没有园墙，此亭不仅能四面观景，还有守护园林的作用。光绪十四年(1888)，廓如亭重修，沿用了清漪园时的旧名。亭内金砖铺地，内外由三圈二十四根圆柱和十六根方柱支承，青石柱础。亭四周建有八方形的月台，环绕月台砌有一米多高的宇墙。亭内枋梁上现挂有八块木匾，其中两块为乾隆帝手书诗作，其余六块是光绪时期大臣为廓如亭所作，其内容摘自《文心雕龙》中的部分词句，用来歌咏景色，赞美时政。

◎铜牛望佛香

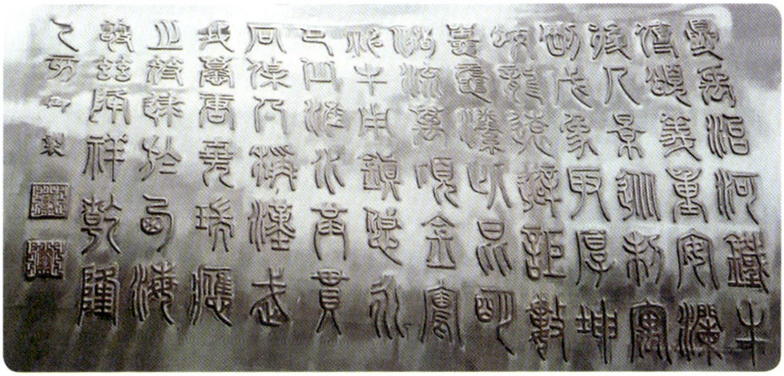

◎铜牛身上的《金牛铭》

十七孔桥是中国园林中体量最大的桥梁建筑，
它东连廓如亭，
西接南湖岛，
犹如天上七彩的飞虹横跨在碧波万顷的昆明湖上。

[第 59 站]

十七孔桥

十七孔桥桥体用青石筑成，整体呈拱形，长 150 米，宽 8 米，桥为汉白玉栏杆，上有望柱二百四十八个，栏板二百四十四块，桥栏望柱上雕有神态各异、大小不同的石狮五百四十四只。十七孔桥建筑名称出自桥券洞的数目，从十七孔桥两边的桥洞往正中间的桥洞数，均为九个。中国以龙作为图腾，九字由龙形演化而来，所以九不同于一般的数字，为皇家权力的象征。

◎十七孔桥旭日东升

此外，十七孔桥的长度、宽度、高度与昆明湖的面积、南湖岛的平面布局以及建筑的空间效果相适应，符合因地制宜的园林设计要求，展示出“宛自天成”的意境，体现出“天人合一”的思想。也许是古人的精心设计，每年冬至前后，十七孔桥在落日余晖的映衬下会呈现出“金光穿洞”的奇特景观。冬至当天，太阳运行至黄经二百七十度，太阳直射南回归线（冬至线），阳光与北半球的夹脚最倾斜。简而言之，对于北半球各地，冬至是全年太阳高度最低的一天。有资料说，北京市区在冬至这一天的太阳高度仅有二十六度四十二分，正因为这样的角度，落日的阳光才能充满十七孔桥的每个桥洞。

相传，在乾隆年间修十七孔桥的时候，请来了许多能工巧匠。那洁白透亮的汉白玉是石匠们一斧一凿从房山的大石窝采来的。有一天，修桥工地上来了一个七八十岁的老头儿，

◎十七孔桥夜景

头发长到耳根台子，脸上的土有一个铜子儿厚。他背着工具箱子，一边走一边吆喝："谁买龙门石！谁买龙门石啊！"工地上的人看他那脏劲儿，都以为他是疯子，都没搭理他。老头儿在工地上转悠了三天，吆喝了三天，仍没人理他。

于是，这个老头儿背着工具箱子离开工地，往东走到六郎庄一棵大槐树底下，待着不走了。他夜里就睡在槐树下，每天鸡叫头遍起身，抡起铁锤，叮叮当当凿那块龙门石。一天傍黑下起了瓢泼大雨，他双手抱头蹲在树底下避雨。正好，住村西的王大爷打这儿路过，见那老头儿蜷缩的样子，心生善意，带他住进了自己家。

老石匠搬到王大爷家，有房子住，还有人管饭吃。他整整住了一年，也叮叮当当不停地凿了一年龙门石。一天早晨，他对王大爷说："今天我要走了，我吃你的饭，住你的房，你的恩情我一辈子也忘不了。我也没有什么报答的，就把这块石头留给你吧！"王大爷瞅了瞅汉白玉龙门石，对老头儿说："你也别说报答不报答，为这块石头，你劳累了一年，还是你带走吧！我要它也没用。"老头儿笑道："就这块石头，真要到

节骨眼儿上，花一百两银子还买不到呢！”说罢，背起工具箱，顺大道往南去了。

后来，清漪园里修建十七孔桥的工程快结束了，听说乾隆帝还准备前来“贺龙门”。可是，桥顶正中间最后那块石头怎么也凿不好，砌不上。这可急坏了工程总管！此时有人想起了那个卖龙门石的老头儿，提醒了总管，就派人四处去找他。

总管打听到老石匠在六郎庄住过，就亲自来到王大爷家。他一眼看到窗户底下那块龙门石，就蹲下量了量尺寸，结果

◎远望十七孔桥

◎金光穿洞

◎十七孔桥石狮

是长短薄厚一分不差，就好像专为修桥琢磨的一样！总管高兴得合不拢嘴，对王大爷说："这是天上下来神人专为修桥凿的，可救了我的急啦！你张口吧，要多少银子都可以。"王大爷说："你也别多给，那老石匠在我家吃住了一年，你就给一年的饭钱吧！"总管听后留下一百两银子，就把龙门石运走了。

这块龙门石砌在十七孔桥上，不偏不斜，严丝合缝，龙门合上了。那些石匠、瓦匠们突然醒悟："这是鲁班爷下界，帮咱们修桥来啦！"

从这儿以后，鲁班爷帮助修建十七孔桥的故事就传开了。

清漪园建成之前，
南湖岛原为西湖堤岸的一部分；
乾隆十四年（1749）拓展西湖时，
保留了其中的一部分土堤，使其成为一个水岛。

[第60站]

龙王庙的真相

南湖岛的预留，不仅延续了颐和园的历史脉络，丰富了园内的人文景观，而且完善了构图，填补了山水空间的空白，实现了历史文化与园林景观的完美结合，堪称妙笔。清漪园时期，南湖岛上建有望蟾阁、月波楼、鉴远堂、龙王庙、澹会轩等建筑。南湖岛环岛以整齐的长方形大块料石砌成泊岸，除部分临水建筑外，环岛岸边安装了用青白石雕制的栏杆，显

©南湖岛

示出雕栏玉砌的皇家气派。岛上北半部以山林为主，南半部以建筑为主。主体建筑涵虚堂耸立在北岸山石叠起的高台上，北面与万寿山上的佛香阁遥相辉映，互为对景；南面又和两边的配楼月波楼、云香阁鼎足而立，构成岛上南北向的中心轴线。两侧的广润祠和澹会轩建筑群分别构成岛上东、西南北向轴线，三条轴线各有一端延伸至岸边，成为码头或水榭。北高南低的地势，不仅突出了岛上山峰的高耸态势，还与十七孔桥和桥边廓如亭构成了起伏变化、彼此呼应的轮廓线，同时也遮掩了南面低矮密集的建筑群。

南湖岛四面环水，视野广阔，八方佳景，一览无余。岛的建成，彻底改变了西湖过去的历史风貌。不论在堤畔岸边，还是湖中山上，南湖岛作为颐和园中最大的岛屿一直是昆明湖辽阔水域中最具魅力的风景。咸丰十年（1860），南湖岛上的部分建筑被英法联军焚毁。南湖岛现存建筑为慈禧太后重建颐和园后的规模，有涵虚堂、龙王庙、鉴远堂、月波楼等景观。

南湖岛中的龙王庙体现着中国传统的祈雨祭祀文化。龙王庙名为广润灵雨祠。广润的名称起于唐朝，玄宗帝李隆基召封四海龙王，其中西海龙王被封为广润王。昆明湖旧有西海之称，所以龙王庙名为广润祠，庙中龙神封号“安佑普济”。广润祠建成后，清宫将每年在温泉黑龙潭举行的求雨祭祀活动挪到清漪园，依照玉泉山静明园中龙王庙的祭祀规制，每年夏季按照惯例指派大臣到广润祠拈香行礼。龙王庙是乾隆十五年(1750)在明代西湖东岸龙王庙的旧址上重新修建的。明代宋彦所著作《山行杂记》中记载：“西堤北岸长堤五六里，堤柳多合抱，龙王庙踞其中。空灏际天，诸峰在眉睫间，绝

◎广润灵雨祠

◎广润王塑像

无丹青脂粉气……步西堤右小龙王庙，坐门槛望湖，湖修三倍于广，庙当前冲，得湖胜景最全。”明朝时，龙王庙踞西堤的中部，是观赏西湖胜景的最佳之地。拓展昆明湖时，西堤上面的小龙王庙被保留，并利用原有地基将其改建成昆明湖中最大的南湖岛。乾隆帝在乾隆十五年（1750）作《广润祠》诗，诗序中写道：“昆明湖上旧有龙神祠，爰新葺之而名之曰‘广润’云。”

清漪园（颐和园）中的祈雨祭祀是雩祭祈雨和以龙祈雨二者的结合。历代封建统治者都喜欢用君权神授的理论来统一政权，将旱灾这些异样的天象与政治得失关联，天旱时便纷纷下令设坛求雨。应验也是求雨习俗得以流传的重要因素。古人不能理解下雨是自然现象，以为冥冥之中有神灵左右，将求雨活动之后的降雨理解为神灵显灵。降雨是种自然现象，

◎昆明湖水的狂风巨浪

中国属季风气候，夏季干旱一段时间以后雨水自然会降临。因此，求雨活动之后，偶然遇到降雨，人们便将降雨的事实视为求雨的结果，于是将之载入史册。

颐和园祈雨祭祀的本质就是彰显清朝帝王统治的合法性，以“应验说”警策自己的行为。君权神授是封建君主专制制度的一种政治理论，皇帝代表神在人间行使权力，管理人民。这种理论在中国产生了深远的影响。历代帝王以至造反的农民领袖，无不假托天命，自称“奉天承运”，从而达到神化自我及其活动的目的。天人感应在肯定君权神授的同时，又以天象示警、异灾谴告来鞭策约束帝王的行为，这就使得臣下有机会利用灾祥天变来规柬君王应法天之德行，实行仁政；君王应受上天约束，不能为所欲为。这在君主专制时期无疑具有制约皇权的作用，有利于政治的制约与平衡。

后　记

颐和园是北京地区的七处世界文化遗产之一，是西山永定河文化带区域内皇家园林类型的唯一一处世界文化遗产。颐和园背倚西山，东俯皇城，山水之景冠绝京城，宛如一颗璀璨的明珠镶嵌在西山永定河文化带之上。颐和园是世界园林史上的杰作之一，是人与自然高度融合的典范。

颐和园集中国古代造园艺术之大成。它具备私家园林不可能具备的大山大水，体现了“普天之下莫非王土”的造园思想；就地挖湖、因高堆山，达到了“虽由人作，宛自天开”，“取于自然高于自然”的造园境界。颐和园的文化遗产价值在于它以卓越的规划和精美的建筑，完美诠释了古代中国关于人与自然和谐统一的哲学思想、美学观念以及工艺造诣，显示了中国古代皇家宫廷对居住、宗教、治国、修心等生活环境的物质和精神需求。

颐和园是中国南北园林景观艺术融会贯通之作，对东方园林艺术文化产生了重要影响。此外，颐和园见证了晚清一系列重大变革，是当时清政府的第二政治中心，成为展示近代历史的一个重要舞台。

在岁月的洗礼下，颐和园以其丰富的内涵和卓越的成就，彰显了中国传统文化的独特魅力，在人类文明史上谱写了一部创造理想家园的灿烂篇章。限于篇幅，书中部分讲述不尽周详，运用园林“留白”的手法，给读者以遐想。感谢赵玉明先生、陈晓京先生、张晓莲女士等好友为本书提供部分照片，由于作者水平有限，书中难免有不当和错误之处，敬请广大读者提出宝贵的意见和建议。

范志鹏

2020 年 3 月 26 日

图书在版编目(CIP)数据

巧游颐和园：发现颐和园的60个细节 / 范志鹏著. --北京：故宫出版社，2020.11
ISBN 978-7-5134-1330-5

Ⅰ. ①巧… Ⅱ. ①范… Ⅲ. ①颐和园—旅游指南 Ⅳ. ① K928.73

中国版本图书馆 CIP 数据核字（2020）第 150751 号

巧游颐和园
发现颐和园的60个细节

著　　者：范志鹏
出 版 人：王亚民
责任编辑：王冠良　任　晓
特约编辑：王一珂
装帧设计：李　猛　杜英敏　宗国燕
责任印制：常晓辉　顾从辉
出版发行：故宫出版社
地址：北京市东城区景山前街4号　邮编：100009
电话：010-85007800　010-85007817
邮箱：ggcb@culturefc.cn
制　　版：北京印艺启航文化发展有限公司
印　　刷：北京启航东方印刷有限公司
开　　本：889毫米×1194毫米　1/32
印　　张：10.75
字　　数：240千字
版　　次：2020年11月第1版
2020年11月第1次印刷
印　　数：1~5000册
书　　号：ISBN 978-7-5134-1330-5
定　　价：56.00元